Sur la plantation

Une histoire des aventures d'un garçon de Géorgie pendant la guerre

Joël Chandler Harris

Writat

Cette édition parue en 2023

ISBN : 9789359258645

Publié par
Writat
email : info@writat.com

Contenu

CHAPITRE I
JOE MAXWELL FAIT UN DÉBUT

L e bureau de poste situé dans le village de Hillsborough, au centre de la Géorgie, était autrefois un petit endroit étrange, quel qu'il soit aujourd'hui. Il était aménagé dans une cave ; et le maître de poste, qui était un gentleman entreprenant du Connecticut, avait fait en sorte que ceux qui cherchaient leurs lettres et leurs papiers puissent en même temps se procurer leurs provisions d'épicerie.

D'un côté, contre le mur se trouvait un canapé vert délavé. Ce n'était pas un siège accueillant, car à certains endroits, les ressorts dépassaient et l'un de ses pieds était cassé, ce qui lui donnait une inclinaison suspecte contre le mur. Mais un certain petit garçon trouvait un coin du vieux canapé branlant un endroit très confortable, et il avait l'habitude de s'y pelotonner presque tous les jours, lisant les journaux égarés qu'il pouvait trouver et regardant les gens aller et venir.

Pour le petit garçon, le stock de marchandises exposées à la vente était aussi curieux dans sa variété que les gens qui appelaient jour après jour pour obtenir les lettres qui arrivaient ou qui n'arrivaient pas. Pour certaines personnes délicates, l'odeur mêlée de fromage, de camphène et de maquereau aurait été désagréable ; mais Joe Maxwell – c'était le nom du petit garçon – avait un caractère sain et un estomac solide, et il pensait que l'étrange petit bureau de poste était l'un des endroits les plus agréables du monde.

Une cloison de boiserie et de grillage isolait le bureau de poste et le petit stock d'épicerie du grand public, mais à l'extérieur se trouvait un espace où bon nombre de personnes pouvaient se tenir debout et attendre leurs lettres. Dans un coin de cette zone se trouvait le canapé vert branlant, et tout autour se trouvaient des chaises, des caisses et des tonneaux sur lesquels les gens fatigués pouvaient se reposer.

Les journaux de Milledgeville avaient un large tirage dans le comté. Ils étaient imprimés dans la capitale de l'État et passaient pour cette raison très importants. Ils avaient tellement de lecteurs dans le quartier que le maître de poste, pour gagner du temps et éviter des ennuis, les empilait sur une longue étagère à l'extérieur de la cloison en bois, où chaque abonné pouvait se servir. Joe Maxwell profitait de cette méthode et le mardi, lorsque les journaux de Milledgeville arrivaient, on le trouvait toujours recroquevillé dans le coin du vieux canapé vert en train de lire le Recorder *et l' Union fédérale* . Ce qui l'intéressait dans ces journaux serait difficile à dire. Ils étaient remplis d'essais politiques qui étaient populaires à l'époque, et ils contenaient de longs rapports sur les congrès et réunions politiques de toutes les régions de l'État.

C'étaient des journaux destinés aux adultes, et Joe Maxwell n'avait que douze ans et était petit pour son âge.

Il y avait un autre endroit que Joe trouvait agréable à visiter, c'était un bureau d'avocat situé dans l'une des pièces de la vieille taverne qui donnait sur la véranda à piliers. C'était un endroit agréable pour lui, non pas parce que c'était un cabinet d'avocats, mais parce que c'était le bureau d'un gentleman très amical avec le jeune. Le nom de ce monsieur était M. Deometari , et Joe l'appelait M. Deo, tout comme les autres habitants de Hillsborough. Il était gros et petit et portait des moustaches, ce qui lui donnait une apparence particulière à cette époque. Tous les autres hommes que Joe connaissait portaient soit une barbe pleine, soit une moustache et un impérial. C'est pour cette raison que les moustaches de M. Deometari étaient très étranges. Il était grec et le bruit courait parmi les habitants de la ville qu'il avait été contraint de quitter son pays à cause de ses opinions politiques. Joe n'a compris que longtemps après que la politique pouvait être un crime. Il pensait que la politique consistait en partie dans des articles de journaux signés « Old Subscriber » et « Many Citizens » et « Vox Populi » et « Scrutator », et en partie dans des disputes entre les hommes assis, aux beaux jours, sur les caisses de marchandises sèches sous les porcelaines . -des arbres. Mais il y avait un mystère à propos de M. Deometari , et le garçon aimait imaginer toutes sortes d'histoires romantiques sur le gros avocat. Bien que M. Deometari soit grec, il n'y avait aucun accent étranger dans sa langue. Seul un observateur aussi attentif que le garçon aurait pu dire, d'après son discours, qu'il était un étranger. C'était un bon avocat et un bon orateur, et tous les autres avocats semblaient l'apprécier. Ils appréciaient tellement sa compagnie que ce n'était qu'occasionnellement que Joe le trouvait seul dans son bureau.

Mr. Deometari put on his uniform.

Un jour, M. Deometari a sorti de son placard un uniforme militaire et l'a enfilé. Joe Maxwell pensait que c'était le plus bel uniforme qu'il ait jamais vu. Des galons d'or coulaient sur les côtés du pantalon, des cordons d'or pendaient lâchement sur la poitrine du manteau et une paire d'énormes épaulettes surmontait les épaules. Le chapeau ressemblait à ceux que Joe avait vus dans les livres d'images. Il était retenu sur les côtés par de petits boutons d'or et garni d'une longue plume noire qui brillait comme une poitrine de pigeon. Aussi gros que soit M. Deometari , le garçon le trouvait très beau dans son bel uniforme. Ce n'était qu'un incident. Dans sa chambre, qui était grande, M. Deometari avait des cartons remplis de livres et il a autorisé Joe à les fouiller. Beaucoup de volumes étaient rédigés dans des langues étrangères, mais parmi eux se trouvaient quelques vieux livres anglais surannés, que le garçon appréciait au-delà de toute mesure. Après un certain temps, M. Deometari a fermé son bureau et est parti à la guerre.

Il ne serait pas juste de dire que Joe était un garçon studieux. Au contraire, il avait un esprit aventureux et n'aimait pas du tout les livres qui se trouvaient dans son bureau à l'Académie de Hillsborough. Il était plein de farces et de bêtises de toutes sortes, et il y avait beaucoup de gens dans la petite ville prêts à déclarer qu'il connaîtrait une mauvaise fin s'il ne prenait pas plus fréquemment ce que les vieux appelaient de l'huile de caryer. Certaines des farces de Joe Maxwell étaient banales, mais d'autres étaient suffisamment ingénieuses pour lui donner une réputation d'humour, et une farce en particulier est évoquée encore aujourd'hui par les gens d'âge moyen de Hillsborough.

Le professeur de l'académie avait organisé une compagnie militaire parmi les élèves – c'était à peu près à l'époque où des rumeurs et des allusions à la guerre commençaient à prendre forme – et cette organisation suscitait un grand intérêt, surtout parmi les garçons les plus âgés. De cette compagnie, Joe Maxwell était le quatrième caporal, position qui lui donnait une place au pied de la compagnie. Les cadets de Hillsborough s'entraînaient tous les jours d'école, et parfois le samedi, et ils devinrent bientôt très fiers de leurs compétences.

Finalement, après de nombreuses manœuvres sur les terrains de jeux et sur la place publique, le professeur, qui était le capitaine, conclut que les garçons avaient mérité des vacances, et il fut décidé que la compagnie irait au camp pendant une semaine le la rivière Oconee, pêcher, chasser et passer un bon moment en général. Les garçons se sont déchaînés lorsque l'annonce a été faite, et certains d'entre eux ont voulu serrer dans leurs bras le professeur, qui a eu du mal à expliquer qu'une tentative de ce genre n'était pas conforme à la tactique ou à la discipline militaire.

Toutes les dispositions ont été dûment prises. Des tentes ont été empruntées aux Hillsborough Rifles et le corps de tambours de cette compagnie a été embauché pour faire de la musique. Une demi-douzaine de chariots transportaient l'équipement du camp et les petits garçons, tandis que les plus grands marchaient. C'était une expérience entièrement nouvelle pour Joe Maxwell, et il l'appréciait comme seul un garçon en bonne santé et plein d'entrain pouvait l'apprécier. La manière formelle et solennelle dont la garde était montée lui était très drôle, et la tentation d'en faire une plaisanterie était trop forte pour qu'il puisse y résister.

Les tentes étaient dressées les unes en face des autres, la tente des officiers étant en tête de la ligne ainsi formée. A l'autre bout de l'allée et un peu en arrière se trouvait la tente à bagages, dans laquelle étaient entreposés les malles, les caisses et les commissaires. En dehors de tout, les quatre sentinelles marchaient de haut en bas. Les tentes étaient dressées dans un ancien champ qui servait de pâturage, et Joe remarqua dans l'après-midi deux mules et un cheval brouter autour. Il remarqua aussi que ces animaux étaient très perturbés, surtout lorsque les tambours se mettaient à battre, et que leur curiosité ne leur permettait pas de s'éloigner bien du camp, si effrayés qu'ils fussent.

Il arriva qu'un des camarades de Joe devait monter la garde à midi ce soir-là. C'était un gros garçon maladroit et de bonne humeur, ce camarade de mess, et aussi un gros dormeur, de sorte que, lorsque le caporal de la garde entreprit de le réveiller, tous les garçons de la tente furent réveillés. Tous, sauf Joe, se rendormirent rapidement, mais ce jeune entreprenant enfila tranquillement ses vêtements et, dans la confusion de la relève de la garde, se glissa hors des lignes et se cacha dans un ravin pratique non loin du camp.

Il avait l'intention d'inquiéter, sinon d'effrayer son camarade de mess, et pendant qu'il réfléchissait au meilleur plan à suivre, il entendit le cheval et les mulets piétiner et renifler non loin de là. Leur curiosité n'était pas encore satisfaite et ils semblaient se diriger vers le camp pour faire une reconnaissance.

La décision de Joe fut prise en un instant.

Il descendit le ravin jusqu'à ce que les animaux soient entre lui et le camp, puis, saisissant une grosse brosse de pin qui se trouvait par hasard à proximité, il se précipita vers eux. Les mules et les chevaux étaient prêts pour une bousculade. Le camp lui-même était un objet de suspicion, et cette attaque venue d'un côté inattendu était trop pour eux. Reniflant de terreur, ils se précipitèrent en direction des tentes. La sentinelle endormie, les entendant arriver, tira en l'air et courut en criant dans le camp, suivie du cheval et d'un des mulets. L'autre mulet s'écarta vers la droite lorsque le coup de feu retentit et courut vers la tente à bagages. Il y eut un énorme bruit et un fracas de boîtes, de casseroles, de poêles et de vaisselle. Le mulet, fou de peur, fit un violent effort pour passer à travers la tente, mais il le rattrapa d'une manière ou d'une autre. Finalement, les cordes qui le retenaient cédèrent et le mulet, avec la tente battant et claquant sur son dos, se retourna et se précipita à travers le camp. Pour tous, sauf Joe Maxwell, c'était un spectacle horrible. Beaucoup de garçons, comme on dit, « se sont enfuis dans les bois », et certains d'entre eux se sont prosternés de peur. C'étaient des conséquences sur lesquelles Joe n'avait pas prévu, et il lui fallut longtemps avant d'avouer sa part dans le sport de la nuit. Les résultats vont au-delà du camp. Dans une autre partie de la plantation, les nègres tenaient une réunion de réveil en plein air, prêchant, criant et chantant. Vers cette scène familière, le mulet s'avançait en criant, en braillant et en donnant des coups de pied, la grande tente blanche retombant sur son dos. Alors que l'animal terrifié tournait autour de la place, les nègres crièrent que Satan était venu, et la panique qui s'ensuivit parmi eux n'est pas facile à décrire. Beaucoup pensaient que l'apparition marquait l'avènement du jour du jugement, tandis que la plupart croyaient fermement que le « vieux garçon » lui-même était après eux. Le tumulte qu'ils ont fait pouvait être clairement entendu dans le camp, à plus d'un mile de distance — des cris, des cris, des cris et des appels à la miséricorde. Une fois que tout fut fini, et que Joe Maxwell se glissa tranquillement jusqu'au lit, la pensée lui vint que ce n'était pas une si belle plaisanterie, après tout, et il resta longtemps éveillé, se repentant du travail de la nuit. Il apprit le lendemain que personne n'avait été blessé et qu'aucun dommage grave n'avait été causé, mais il lui fallut plusieurs semaines avant de se pardonner sa farce irréfléchie.

Même si Joe aimait s'amuser et avait un grand désir d'être clown dans un cirque ou conducteur de diligence, un tel carrosse rouge et jaune, avec « USM » peint sur ses portes, comme autrefois transporter des passagers et du courrier entre Hillsborough et Rockville - il ne s'est jamais permis de s'attarder sur ces choses. Il savait très bien que le moment viendrait bientôt où il devrait subvenir aux besoins de sa mère et de lui-même. Cette pensée lui revenait sans cesse quand il était assis dans le petit bureau de poste, lisant les journaux de Milledgeville.

Il se trouve que ces journaux sont devenus très intéressants pour les jeunes et les moins jeunes au fil des jours. Les rumeurs de guerre s'étaient transformées en guerre elle-même. En quelques mois, deux compagnies de volontaires s'étaient rendues en Virginie depuis Hillsborough, et la petite ville semblait plus solitaire et plus déserte que jamais. Joe Maxwell remarqua, alors qu'il était assis au bureau de poste, que très peu de vieillards et de dames venaient chercher les lettres et les papiers, et il lui manquait un grand nombre de visages qui lui souriaient pendant qu'il lisait, et certains d'entre eux il ne les a jamais revus. Il remarqua aussi que lorsqu'il y avait une bataille ou une escarmouche, les dames et les jeunes filles venaient plus fréquemment à la poste. Lorsque la nouvelle était très importante, l'un des citoyens les plus connus montait sur une chaise ou une caisse de marchandises sèches et lisait les télégrammes à haute voix au groupe de personnes en attente et anxieux, et parfois les mains et la voix du lecteur tremblaient.

Un jour, alors que Joe Maxwell était assis à la poste et parcourait les journaux de Milledgeville, son regard tomba sur une annonce qui l'intéressa beaucoup. Cela semblait rapprocher le monde entier de lui. L'annonce annonçait que mardi prochain serait publié le premier numéro de l'hebdomadaire *The Countryman*. Il serait calqué sur le petit journal de M. Addison, le *Spectator*, le petit journal de M. Goldsmith, le *Bee*, et le petit journal de M. Johnson, le *Rambler*. Il serait édité par JA Turner et serait publié dans la plantation de l'éditeur, à neuf milles de Hillsborough. Joe a lu cette annonce une douzaine de fois et c'est avec beaucoup d'impatience qu'il attendait le mardi suivant.

Mais le jour est venu, et avec lui est venu le premier numéro de *The Countryman*. Joe l'a lu du début à la fin, avec les publicités et tout, et il a pensé que c'était le petit journal le plus amusant qu'il ait jamais vu. Parmi les choses intéressantes, il y avait une annonce du rédacteur en chef selon laquelle il souhaitait qu'un garçon apprenne le métier d'imprimerie. Joe a emprunté une plume, de l'encre et du papier au sympathique maître de poste et a écrit une lettre au rédacteur en chef, disant qu'il serait heureux d'apprendre le métier d'imprimerie. La lettre était sans aucun doute maladroite, mais elle remplit son objectif, car lorsque le rédacteur en chef du *Countryman* est venu à Hillsborough, il a traqué Joe et lui a dit de se préparer à se rendre à la plantation. Le garçon, non sans quelques appréhensions, rangea ses toupies et ses marbres, rangea ses petites affaires dans une malle à l'ancienne, embrassa sa mère et sa grand-mère et partit pour ce qui s'avéra être le voyage le plus important. de sa vie.

Assis dans le buggy à côté du rédacteur et éditeur de *The Countryman* , Joe Maxwell se sentait vraiment seul, et ce sentiment s'accroissait à mesure qu'il traversait la petite ville et entendait ses camarades de classe, qui étaient à leurs billes sur la place publique, enchérir. lui au revoir.

Il pouvait à peine retenir ses larmes, mais, en regardant autour de lui après que le buggy eut parcouru un peu de chemin, il vit que ses amis étaient retournés à leurs billes, et l'idée lui vint qu'il était déjà oublié. Maintes et maintes fois après cela, il pensa à ses petits compagnons et à la rapidité avec laquelle ils étaient retournés à leurs billes.

Le rédacteur en chef *du Countryman* avait dû deviner ce qui se passait dans la tête du garçon (c'était un homme vif d'esprit et intelligent en plus), car il essayait d'engager la conversation avec Joe. Mais le garçon préférait nourrir sa solitude et ne parlait que lorsqu'il était obligé de répondre à une question. Finalement, le rédacteur lui a demandé s'il voulait conduire, et Joe a été assez heureux de le faire, car il y a une certaine diversion à tenir les rênes d'un cheval fougueux. Le cheval du rédacteur en chef était un grand gris, nommé Ben Bolt, et il était plus beau que tous les chevaux que Joe avait vus à l'écurie. Sentant une touche nouvelle et inhabituelle sur les rênes, Ben Bolt s'est efforcé de donner un nouveau sens à son nom en s'enfuyant. La route était plate et dure, et le cheval courut rapidement sur une petite distance ; mais les bras de Joe Maxwell étaient durs, et avant que le cheval ait parcouru un quart de mille, le garçon le tenait complètement sous contrôle.

"Vous avez très bien fait cela", a déclaré le rédacteur en chef, qui connaissait les astuces de Ben Bolt. «Je ne savais pas que les petits garçons de la ville pouvaient conduire des chevaux.»

"Oh, parfois ils le peuvent", répondit Joe. « S'il avait eu peur, je pense que j'aurais dû avoir peur moi-même ; mais il ne faisait que jouer. Il a été attaché au chevalet toute la journée et il doit avoir faim.

"Oui", a déclaré le rédacteur en chef, "il a faim et il veut voir son compagnon, Rob Roy."

Ensuite, le rédacteur en chef, d'une manière fantaisiste, a continué en parlant de Ben Bolt et de Rob Roy, comme s'ils étaient des personnes plutôt que des chevaux ; mais cela ne parut pas fantaisiste à Joe, qui éprouvait une étrange sympathie pour les animaux de toutes sortes, notamment les chevaux et les chiens. Cela lui plaisait beaucoup de penser qu'il avait des idées communes avec un homme adulte, qui savait écrire pour les journaux ; et si le rédacteur parlait pour faire oublier à Joe sa solitude, il y parvenait admirablement, car le garçon ne pensait plus aux garçons qui étaient si vite retournés à leurs marbres, mais seulement à sa mère, qu'il avait vue pour la dernière fois debout à la petite porte. lui souriant à travers ses larmes.

Pendant qu'ils roulaient, le rédacteur leur montra une petite cabane en rondins près de la route.

« C'est là, dit-il, que réside le grand shérif du comté. Connaissez-vous le colonel John B. Stith ?

"Oui," répondit Joe; mais je pensais qu'il vivait dans une grande et belle maison. Je ne vois pas comment il pourrait entrer par cette porte là-bas.»

« Qu'est-ce qui te fait penser qu'il est trop grand pour la porte ? » » a demandé l'éditeur.

«Eh bien, comme il continue», dit Joe avec la franchise de la jeunesse. "Il est toujours en ville pour parler politique et il parle plus que quiconque."

«Eh bien», dit le rédacteur en chef en riant, «c'est sa maison. En vieillissant un peu, vous rencontrerez des gens plus décevants que le grand shérif. Les garçons sont parfois trop grands pour leur culotte, j'ai entendu dire, mais c'est la première fois que j'entends dire qu'un homme peut être trop grand pour sa maison. C'est une bonne réponse de la part du colonel.

Ben Bolt trottait régulièrement et rapidement, mais au bout d'un moment le crépuscule tomba, puis les étoiles apparurent. Joe regarda devant lui, essayant de distinguer la route.

«Laissez simplement le cheval faire ce qu'il veut», a déclaré le rédacteur en chef. « Il connaît la route mieux que moi » ; et cela semblait être le cas, car, lorsque de gros nuages venant de l'ouest se levaient et cachaient les étoiles, et que seules les ténèbres étaient visibles, Ben Bolt trottait aussi régulièrement que jamais. Il traversa Crooked Creek, gravit la longue colline, puis repartit plus rapidement que jamais.

"La route est désormais plate", a fait remarquer l'éditeur, "et Ben Bolt est dans la dernière ligne droite."

Peu de temps après, il s'arrêta devant une grande porte. Elle fut ouverte en un tournemain par quelqu'un qui semblait attendre.

« Est-ce vous, Harbert ? » » a demandé l'éditeur.

"Oui, maître ."

"Eh bien, je veux que vous emmeniez M. Maxwell ici chez M. Snelson."

« Yasser », répondit le nègre.

« Snelson est le contremaître de l'imprimerie, expliqua le rédacteur à Joe, et pour le moment vous devez embarquer avec lui. J'espère qu'il rendra les choses agréables pour vous. Bonne nuit."

Pour le garçon solitaire, cela semblait un long voyage jusqu'à M. Sneison – à travers de larges portes de plantation, dans des ruelles étroites, le long d'un bout de voie publique, puis une plongée dans les profondeurs d'un grand bois, où bientôt une lumière brillait.

«Je vais les saluer » , dit Harbert, et il envoya devant lui dans l'obscurité un halloo musical, sur quoi, aussi promptement que son écho, vint une réponse chaleureuse de la maison, avec juste une légère touche de accent irlandais dans la voix.

« Ah, et c'est le jeune homme ! Sautez en bas et entrez dans la chaleur du feu. Il y a quelque chose de chaud sur le foyer, là où ça t'attend.

C'est ainsi que Joe Maxwell entama une nouvelle vie, une vie aussi différente que possible de celle qu'il avait laissée derrière lui à Hillsborough.

CHAPITRE II
UN JOURNAL DE PLANTATION

L' imprimerie a été une plus grande révélation pour Joe Maxwell que pour n'importe quel jeune qui pourrait lire ceci. C'était une très petite affaire ; le type était vieux et usé, et la presse à main – une Washington n° 2 – avait connu un service considérable. Mais c'était tout nouveau pour Joe, et le fait qu'il allait faire partie de la machinerie éveillait dans son esprit la sensation la plus délicieuse. Il maîtrisa rapidement les cartons de la mallette de l'imprimeur et, en quelques jours, fut capable de composer des caractères assez rapidement pour être d'une aide considérable à M. Snel-son, qui était contremaître, compositeur et presseur.

Le seul trait étrange *du Countryman* était le fait qu'il s'agissait du seul journal de plantation jamais publié, le bureau de poste le plus proche étant à neuf milles de distance. On pourrait supposer qu'un tel journal serait un échec ; mais *The Countryman* fut dès le début un succès et atteignit à un moment donné un tirage de près de deux mille exemplaires. Le rédacteur en chef était un écrivain très original et ses éditoriaux dans *The Countryman* étaient cités dans tous les journaux de la Confédération, mais il était plus heureux lorsqu'il était engagé dans une controverse politique. Une autre caractéristique de *The Countryman* était le fait que les copies ne manquaient jamais pour le contremaître et l'apprenti. Au lieu de couper des extraits de ses échanges, l'éditeur a envoyé au bureau trois livres, dont des extraits ont pu être sélectionnés. Ces livres étaient *Lacon* , *les Anecdotes de Percy* et *les Maximes de Rochefoucauld* . Ensuite, il y avait des lettres hebdomadaires de l'armée de Virginie et des contributions volontaires de nombreux écrivains ambitieux. Une partie de la correspondance de guerre était très sombre, car au fil des mois, elle racontait la mort d'un grand nombre de jeunes hommes que Joe avait connus, et la plupart d'entre eux avaient été très gentils avec lui.

Les journées à l'imprimerie auraient été très solitaires pour Joe, mais le bosquet qui l'entourait était plein d'écureuils gris. Ceux-ci étaient restés si longtemps tranquilles qu'ils étaient relativement apprivoisés. Ils avaient l'habitude de courir sur le toit du bureau et de jouer à cache-cache comme des petits enfants. Sur le toit également, les geais bleus apportaient leurs glands et martelaient les coquilles dures de la manière la plus bruyante, et un jour, un renard roux osa s'aventurer près de la fenêtre de Joe, où il resta à écouter et à renifler l'air jusqu'à ce qu'un bruit provoque qu'il disparaisse comme un éclair. Le plus intéressant encore était qu'une perdrix et son compagnon construisaient leur nid à quelques mètres de la fenêtre, et il arrivait souvent que Joe négligeait son travail d'observation des oiseaux. Ils courbèrent soigneusement les hautes herbes de chaque côté jusqu'à former un petit tunnel de trois ou quatre pieds de long. Lorsque cela fut fait, Mme

Partridge arriva jusqu'au bout et commença à gratter et à palpiter comme le fait une poule lorsqu'elle prend un bain de poussière. Elle creusait son nid. Au moment où le nid fut achevé, l'arche d'herbe qui le cachait était considérablement désordonnée. Alors Mme Partridge s'assit tranquillement sur le petit creux qu'elle avait fait, tandis que M. Partridge reconstruisait l'arche au-dessus d'elle jusqu'à ce qu'elle soit complètement cachée. Il était très prudent à ce sujet. Souvent, il s'éloignait un peu, se retournait et regardait le nid. Si ses yeux perçants pouvaient voir quelque chose de suspect, il reviendrait et tisserait l'herbe plus étroitement. Finalement, il semblait satisfait de son travail. Il secoua ses ailes et commença à se lisser, puis Mme Partridge sortit et le rejoignit. Ils se concertèrent avec d'étranges petits canards et finirent par s'enfuir dans les sous-bois comme s'ils étaient déterminés à s'ébattre.

Le travail de M. et Mme Partridge était si bien fait que Joe avait beaucoup de mal à découvrir le nid en sortant du bureau. Il savait où il se trouvait depuis sa fenêtre, mais quand il venait le chercher dehors, il semblait avoir disparu, tant il était adroitement caché ; et il aurait été obligé de le rechercher très prudemment sans le fait que lorsque Mme Partridge s'est trouvée dérangée , elle s'est précipitée hors du petit tunnel d'herbe et s'est jetée aux pieds de Joe, voletant comme si elle était désespérément blessée et poussant d'étranges petits cris. de détresse. Une fois, elle lui toucha les pieds avec ses ailes, mais lorsqu'il se pencha pour la soulever, elle parvint à s'envoler juste hors de portée de sa main. Joe suivit Mme Partridge sur une petite distance et il découvrit que plus elle l'éloignait de son nid, plus son état s'améliorait, jusqu'à ce qu'elle finisse par s'enfuir dans le carex et disparaître. Joe n'a jamais réussi à trouver quelqu'un pour lui dire comment Mme Partridge savait quel genre de pitreries un oiseau grièvement blessé ferait. On lui a dit que c'était le résultat de l'instinct. Les scientifiques disent cependant que l'instinct est le résultat de la nécessité ; mais il semble difficile de croire que la nécessité ait pu donner à Mme Partridge une connaissance aussi précise des mouvements d'un oiseau blessé.

En transportant les épreuves de l'imprimerie à l'éditeur, Joe Maxwell fit deux découvertes qu'il considérait comme très importantes. L'une était qu'il avait à sa disposition une grande bibliothèque des meilleurs livres, et l'autre était qu'il y avait une meute de busards bien entraînés dans la plantation. Il aimait les livres et les chiens, et si on lui avait demandé de choisir entre la bibliothèque et les busards , il aurait longtemps hésité. Les livres étaient plus nombreux — il y en avait près de deux mille , alors qu'il n'y avait que cinq busards — mais à bien des égards, les chiens étaient les plus vifs. Heureusement, Joe n'a pas eu à faire de choix. Il avait les chiens pour lui seul en fin d'après-midi et les livres le soir, et il profitait au maximum des deux.

Plus encore, il bénéficiait de la culture du rédacteur en chef du *Countryman* et de l'expérience mondaine de M. Snelson, l'imprimeur.

Pour Joe Maxwell, qui manquait cruellement de connaissances sur l'humanité, M. Snelson semblait être l'homme le plus attachant. Il était l'écho et le porte-parole d'un monde dont le jeune avait entendu parler mais n'avait jamais vu, et il lui plaisait d'entendre le génial imprimeur répéter ses expériences, depuis Belfast, en Irlande, où il est né, jusqu'aux quatre coins du monde. coins des États-Unis, y compris la petite colonie où le journal de la plantation était publié. M. Snelson avait été un vagabond et presque un tragédien, et il était heureux à plusieurs reprises de donner à son petit apprenti un avant-goût de son art dramatique. Il mettait un oreiller sous son manteau et donnait des lectures de Richard III, ou s'enveloppait dans la mantille de sa femme et jouait Hamlet.

Mr. Snelson as Richard III.

Lorsqu'il était fatigué de la scène, il se raclait la gorge et interprétait quelques-unes des vieilles ballades, qu'il chantait en effet très gentiment.

Une nuit, après que le petit concert domestique fut terminé et que Joe lisait un livre à la lueur du feu de pin, un grand bruit se fit entendre dans le poulailler, qui était à une certaine distance de l'habitation.

« Courez, John », s'est exclamée Mme Snelson ; «Je sais juste que quelqu'un vole ma poule dominicker et ses poulets. Courir!"

« Laissez partir ce garçon », dit aimablement M. Snelson. « Il est jeune et agile, et quiconque sera là, il les rattrapera . — Courez, mon garçon ! et si vous avez besoin d'aide, élevez la voix et je serai avec vous directement.

La demeure occupée par M. Snelson était au milieu d'un bois épais, et la nuit, quand il n'y avait pas de lune, il faisait très sombre dehors ; mais Joe Maxwell n'avait pas peur du noir. Il sauta par la porte et arriva au poulailler avant que les poules ne cessent de ricaner et de s'agiter. Il faisait trop sombre pour voir quoi que ce soit, mais Joe, en tâtonnant, posa la main sur quelqu'un.

Ses sensations seraient difficiles à décrire. Son cœur sembla bondir dans sa bouche et il sentit un frisson le parcourir de la tête aux pieds. Ce n'était pas de la peur, car il ne s'est pas retourné et n'a pas fui. Il posa de nouveau la main sur Quelqu'un et demanda :

"Qui es-tu?"

Quoi qu'il en soit, il trembla le plus violemment et la réponse vint d'une voix faible et tremblante et sous la forme d'une autre question :

"Est-ce que ce petit maître est venu travailler en ville dans le bureau du journal?"

"Oui; qui es-tu et que fais-tu ici ?

«Je m'appelle Mink, hein , et j'appartiens à Marse Tom Gaither. Je me suis enfui et j'ai eu ça faim on dirait que je saigne et donne-moi un poulet. Je suis presque affamé, suh . J'aimerais que vous m'excusiez, s'il vous plaît , pour cette fois.

"Pourquoi ne t'es-tu pas arrêté et n'as-tu pas couru quand tu m'as entendu arriver ?" » demanda Joe, disposé à adopter un point de vue pratique sur la question.

"Tu es c'est léger, suh , je ne t'entends pas, et à côté , j'ai mis ma main dans le plat , et tu étais juste au-dessus de moi pour que je puisse y arriver.

"Pourquoi ne restes-tu pas à la maison?" demanda Joe.

«Ils ne me traitent pas bien, hein », dit simplement le nègre. Le ton même de sa voix était plus convaincant que n'importe quel argument aurait pu l'être.

« Pouvez-vous retirer votre main de la fissure ? » demanda Joe.

« Seigneur, oui, hein ; J'aurais fini de le sortir pour le moment, mais quand tu m'as parlé si vite, tous mes sens étaient éteints embrayé hors de moi.

"Eh bien," dit Joe, "tendez votre main et restez ici jusqu'à ce que je revienne, et je vais vous chercher quelque chose à manger."

"Tu n'es pas Tu me trompes , n'est-ce pas, petit maître ?

"Est-ce que j'ai l'air de vouloir te tromper?" dit Joe avec mépris.

"Je ne te vois pas clairement, hein ", dit le nègre en respirant longuement, "mais tu ne parles pas comme ça."

"Eh bien, lâche ta main et attends."

Alors que Joe se tournait pour se rendre à la maison, il vit M. Snelson debout sur le seuil de la porte.

« Tout va bien, monsieur », dit le jeune. "Aucun des poulets n'est parti."

«Beaucoup de bruit et pas de plumes», a déclaré M. Snelson. "Je doute mais c'était un vison."

"Oui", dit Joe en riant. "Ce devait être un vison, et je vais lui tendre un appât."

"Dans toute cette obscurité?" » demanda l'imprimeur. "Eh bien, je pourrais rester dans la porte et l'écraser avec mes dents."

"Eh bien, oui," répondit Joe. "Je prendrai du biscuit et un morceau de pain de maïs et je les disperserai dans le poulailler, et si le vison revient, il prendra le pain et laissera les poules tranquilles."

"Capital!" s'exclama M. Snelson en frappant Joe dans le dos. « Je dis à ma mère ici, je dis : 'Aussi sûr que tu es née pour mourir, vieille femme, que B'y a dans son corps les trucs avec lesquels on fait des hommes.' Je leur ai dit des mots très précis. N'est-ce pas, maman ?

Joe prit trois biscuits et un pain de maïs et les apporta à Mink. Le nègre avait libéré sa main et il surgissait dans l'obscurité aussi grand qu'un géant.

"Eh bien, tu as l'air d'être aussi gros qu'un cheval", dit Joe.

« Merci , petit maître , merci . Oui, euh , je suis un très gros nègre, et ef le marstre ferait en sorte que ce surveillant me laisse seul, je ferais un très bon travail, et j'aurais bien plus de mal à le faire pour ne pas me cacher dans le marais comme de la vermine . Bonne nuit, petit maître .

Mink.

"Bonne nuit !" dit Joe.

"Que Dieu te bénisse, petit maître !" s'écria Mink en disparaissant dans l'obscurité.

Cette nuit-là, dans les rêves de Joe Maxwell, la voix du fugitif lui revint, criant : « Que Dieu vous bénisse, petit maître !

Mais ce n'est pas seulement en rêve que Mink revint vers Joe. À plus d'un titre, le nègre jouait un rôle important dans la vie du garçon à la plantation. Un soir, vers le crépuscule, alors que Joe rentrait chez lui et effectuait une « coupe presque » à travers le pâturage des Bermudes, une grande forme se dressa devant lui, se dessinant sur le ciel.

« Salut, petit maître ! ' Il n'y a personne d'autre que Mink. Je viens te dire ça Si vous voulez quelque chose hors des bois, des mots de Harbert. J'ai des œufs de pa'tridge ici maintenant. Deyer ligoté dans un chiffon, mais ça ne fait pas de mal. Si tu veux bien étaler ton Hank'cher , je le mettrai dedans .

"Tu n'es pas encore rentré chez toi?" demanda Joe en lui tendant son mouchoir.

« Seigneur, non, euh ! » s'écria le nègre. "Les garçons disent que le surveillant a dit qu'il attendait Mink avec un club."

Il y avait quatre douzaines de ces œufs, et Joe et M. Snelson les ont énormément appréciés.

À partir de ce moment-là, d'une manière ou d'une autre, Joe Maxwell resta en communication avec Mink. Le garçon n'était pas trop jeune pour remarquer que les nègres de la plantation le traitaient avec plus de considération qu'ils n'en témoignaient aux autres Blancs, à l'exception de leur maître. Il n'y avait rien qu'ils n'étaient prêts à faire pour lui à toute heure du jour ou de la nuit. Le secret en a été expliqué par Harbert , l'homme à tout faire autour de la « grande maison ».

«Marse Joe», dit un jour Harbert, «je voudrais J'ai roulé le long de la route de la nuit et j'ai rencontré un très grand nègre. Dish , ton nègre a pris et m'a arrêté, il l'a fait, et il est bas , "Il y a un petit garçon blanc chez toi et je veux que tu le fasses pour garder tes deux yeux sur moi , et" quand il dit viens , tu viens, et "quand il dit vas-y, tu pars." Je dis : « Hé, grand nègre ! qu'importe ? et il a répondu en retour, je t'ai déjà toléré, et je ne le suis pas gwine ne te dis pas mo '. Alors , tu l'as eu, Marse Joe, et c'est comme ça que ça se passe.

Et c'est ainsi que, aussi humbles qu'étaient ces nègres, ils eurent le pouvoir d'aplanir bien des moments difficiles dans la vie de Joe Maxwell. Les femmes noires le soignaient avec des soins presque maternels et le poursuivaient avec bonté, tandis que les hommes étaient toujours prêts à contribuer à son plaisir.

CHAPITRE III
SUIVI D'UNE FUMÉE

Un dimanche matin, peu de temps après l'aventure de Joe avec Mink, Harbert vint le voir avec un visage sérieux.

"Marse Joe," dit-il, " dey er gwine ter ketch Mink c'est l'heure.

"Comment savez-vous?"

« Kaze, bientôt ce matin , pendant que je nourrissais les porcs, je vois un des garçons Gaither arriver sur la route sous le fouet et l'éperon, et je le hache . Où est-ce qu'il s'en prend , et il dit qu'il s'en prend à Bill Locke et à ses chiens nègres. Il est bas , il sait où Mink bin las vendredi soir, et dey vin Ensuite, j'ai mis les chiens sur sa piste et je l'ai 'ketch' . Ils vont be'long back dis d'une manière terrestre .

Le garçon avait été témoin de nombreuses poursuites au renard et avait chassé des lapins des centaines de fois, non seulement avec les busards des plantations, mais aussi avec des chiens à courre ; mais il n'avait jamais vu un nègre en fuite être traqué, et il avait une curiosité d'enfant pour cette affaire, ainsi qu'un intérêt personnel pour le sort de Mink. Il monta donc à cheval et attendit le retour de M. Locke et du jeune Gaither. Il connaissait bien Bill Locke, pour l'avoir souvent vu à Hillsborough. M. Locke avait été surveillant, mais il avait économisé de l'argent, acheté deux ou trois nègres et possédait sa propre petite ferme. Il avait une grande réputation de chasseur de nègres, principalement parce que la chasse aux fuyards faisait partie de son activité. Ses deux chiens, Music et Sound, étaient connus dans tout le pays, et ils étaient la terreur des nègres, non pas parce qu'ils étaient féroces ou dangereux, mais à cause de leur sagacité. Sound était un petit chien brun, pas plus gros qu'un beagle, mais il avait de tels pouvoirs odorants que les nègres le considéraient avec une crainte superstitieuse. Il avait ce qu'on appelle un « nez froid », ce qui est une manière abrégée de dire qu'il pouvait suivre une odeur vieille de trente-six heures, et pourtant c'était un chien d'apparence très minable.

Lorsque Locke et le jeune Gaither passèrent à cheval, ils furent rejoints par Joe Maxwell, et sa compagnie parut très appréciée, en particulier par le garçon Gaither, qui considérait l'affaire comme une plaisanterie. M. Locke était un homme de très peu de paroles. Son visage était sombre et jaunâtre et ses yeux enfoncés. Son cou était long et fin, et Joe remarqua que sa « pomme d'Adam » était inhabituellement grosse. Comme le disaient les nègres, M. Locke et ses chiens se « favorisaient ». Il était petit et chétif, et ses chiens étaient petits et maigres.

"Pensez-vous que vous allez attraper Mink?" demanda Joe. M. Locke regarda le garçon avec presque pitié et sourit.

« Nous allons arrêter le nègre, » répondit-il, « s'il a été senti depuis vendredi midi. On l' arrêtera s'il n'a pas pris d'ailes. Tout ce que je lui demande , c'est de rester quelque part au-dessus du sol, et il est à moi.

"Pourquoi le nègre s'est-il enfui ?" dit Joe au jeune Gaither.

« Oh, il ne peut pas s'entendre avec le surveillant. Et je ne lui en veux pas beaucoup. J'ai dit à papa ce matin que si je devais choisir entre Mink et Bill Davidson, je prendrais Mink à chaque fois. Mais le problème avec Pap, c'est qu'il vieillit et pense qu'il ne peut pas se passer d'un surveillant, et les surveillants sont très difficiles à trouver maintenant. Je vous le dis tout de suite, quand je serai grand , je ne laisserai aucun surveillant s'en prendre à mes nègres.

M. Locke ne dit rien, mais Joe approuva chaleureusement les sentiments du jeune Gaither.

Lorsqu'ils sont arrivés chez Gaither, M. Locke a demandé à ce qu'on lui montre la maison que Mink avait occupée. Puis il demanda les couvertures sur lesquelles le nègre avait dormi. Ceux-ci n'ont pas pu être trouvés. Eh bien, un vieux manteau ferait l'affaire – tout ce que le nègre avait porté ou touché. Finalement, un sac sale et graisseux dans lequel Mink avait emporté son dîner sur le terrain a été retrouvé. Cela suffirait, dit M. Locke, et, le prenant dans sa main, il appela ses chiens et le tint vers eux. Le son le sentait avec plus de soin que la musique.

« Alors, dit M. Locke, où était-il ? À la porcherie vendredi soir dernier ? Très bien, nous allons faire le tour par là et lui envoyer un message.

Joe était très intéressé par tout cela et il surveillait de très près M. Locke et ses chiens. Lorsqu'ils arrivèrent à la porcherie, le chasseur nègre descendit de cheval et examina le sol. Puis il a parlé à ses chiens.

"Son!" s'écria-t-il brusquement, que fais-tu ? Regardez autour de vous. — Musique ! pourquoi es-tu ici ?

Le petit chien minable semblait soudainement transformé. Il fit rapidement le tour de la porcherie , s'éloignant de plus en plus à chaque fois. M. Locke n'a jamais quitté le chien des yeux.

« Il fait froid… très froid », dit-il à l'instant. Puis il parla à nouveau au chien. "Son! venez ici, monsieur ! Maintenant, passez à votre tricot ! Allez, mets-toi à genoux ! Essayez- les , mon vieux ! essayez- les ! »

Ainsi encouragé, le chien, le nez au sol, fit prudemment le tour de la porcherie. À un moment donné, il s'arrêta, continua, puis y revint. Il répéta cette performance à plusieurs reprises, puis commença à se frayer un chemin vers un ancien champ, en avançant très lentement et prudemment.

"Eh bien, monsieur", dit M. Locke en poussant un soupir de soulagement, "je pensais que c'était une affaire réglée, mais le nègre est venu ici et nous l'avons eu."

"Peut-être que le chien suit quelqu'un d'autre", a suggéré Joe Maxwell.

M. Locke rit doucement et avec pitié. «Eh bien, je vais te dire, mon pote», s'est-il exclamé, «si tous les nègres du pays s'étaient promenés par ici, ce chien ne traquerait aucun d'entre eux, à part le nègre spécial que nous recherchons. Regardez ce chiot, comment il travaille ! »

Et vraiment, c'était un spectacle intéressant, sinon magnifique, de voir le chien démêler l'enchevêtrement des odeurs. Plus d'une fois, il sembla mécontent de lui-même et fit de petites excursions à la recherche d'un point d'écoute plus frais, mais il revenait toujours au point où il s'était arrêté, reprenant le léger fil d'odeur et l'emportant plus loin du porc. stylo. La patience et l'industrie du chien étaient merveilleuses. M. Locke lui-même a été patient. Il encourageait le chien de sa voix, mais ne faisait aucun effort pour le pousser à avancer.

« Il fait plus froid qu'une pierre tombale », dit finalement M. Locke. « Cela faisait longtemps que ce nègre passait par ici. Et le sol est élevé et sec. Si nous pouvons tracer la piste jusqu'à la branche là-bas, il est notre viande. — Essayez- le , Sound ! Essayez pour moi .

Petit à petit, le chien a résolu le problème du sentier. Il traversa la colline, avec de nombreux détours et détours , jusqu'à ce qu'il finisse par tomber sur le chemin qui menait des quartiers nègres à la source où se faisait le lavage. Dans ce chemin, le chien courait sans daigner mettre le nez à terre. A la succursale, il lapait son plein d'eau, puis reprenait son problème. Une demi-douzaine de lavoirs étaient éparpillés tout autour, et sous la plus grande un feu couvait. Sur un banc, côte à côte, trois baquets étaient posés, et c'est sur ce banc que Sound reprit la piste. Visiblement, Mink s'était arrêté pour discuter avec la femme qui faisait la lessive. Le sol était humide et le chien n'avait que peu de problèmes. En retrouvant la trace, il exprima sa satisfaction par un petit gémissement. Le sentier descendait la branche de la source et s'engageait dans un chemin de plantation, puis traversait une clôture et traversait un « nouveau terrain » jusqu'à ce qu'il heurte un chemin détourné qui menait à une tonnelle près d'une église, où les nègres tenaient une réunion de réveil. À ce stade, il y avait un autre problème pour le chien. Une centaine ou deux nègres étaient rassemblés ici, et il était évident que Mink faisait partie de la foule , se mêlant aux autres et se promenant avec eux.

Le jeune Gaither a attiré l'attention de M. Locke sur ce point. « Vous ne parviendrez jamais à quitter la piste d'ici au monde », dit-il. "Pourquoi ne prends-tu pas le chien et ne fais-tu pas le tour avec lui ?"

« Ce chien, » dit M. Locke, le regardant avec inquiétude, « a ses propres idées, et il est obligé de les mettre en œuvre . Il ne se laissera pas duper. Ne dis rien. Éloignez-vous et observez-le. Il a vécu dans des endroits pires que celui-ci.

Mais c'était une tâche fastidieuse que le chien avait devant lui. S'enroulant dans les dédales d'un labyrinthe invisible, tournant et se tortillant, tantôt lentement, tantôt plus rapidement, il poursuivait d'un nez infaillible les traces du fugitif, et lorsqu'il eut suivi la piste loin de l'église, il se dirigeait à une vitesse constante. un rythme rapide, et ses gémissements s'étaient transformés en un jappement occasionnel. M. Locke, qui jusque-là conduisait son cheval, ôta alors son habit, le plia soigneusement et le posa sur sa selle. Puis il remonta à cheval et, avec Gaither et Joe Maxwell, trottina après son chien.

Mink a dû s'attarder sur le chemin, car un quart de mille plus loin, Music rejoignait Sound dans son travail, et les deux chiens marchaient joyeusement au pas, leurs voix douces suscitant cent échos parmi les vieilles collines rouges.

Un kilomètre plus loin, les chiens s'arrêtèrent près d'un arbre où il y avait des traces d'incendie. Des restes d'épluchures de patates douces et de pain étaient éparpillés.

« C'est ici que monsieur s'est perché la nuit dernière, » dit M. Locke ; et cela devait être vrai, car Sound, la tête en l'air, fit un demi-cercle, repéra une piste plus chaude, et les deux chiens s'en allèrent comme le vent. Joe Maxwell s'est montré très intéressé. Le cheval qu'il montait était rapide et gibier, et il s'éloignait facilement des autres. Ni les fossés ni les ravines ne se trouvaient sur son chemin et, dans l'excitation, une clôture à six rails ne semblait pas être un obstacle. M. Locke a crié quelque chose à Joe, probablement un mot d'avertissement, mais le sens n'a pas réussi à atteindre les oreilles du garçon. Butterfly s'est battu pour sa tête et l'a récupérée, et en un clin d'œil, il a transporté son cavalier hors de portée de la vue de ses compagnons.

Les chiens avaient fait un léger écart vers la gauche et se dirigeaient tout droit vers la rivière, l'Oconee. Butterfly a couru dans une route de plantation et aurait voulu la traverser, mais Joe l'a retenu et a vite découvert qu'il gagnait du terrain sur les chiens. Venant de directions légèrement différentes, les chiens et les chevaux semblaient se diriger vers le même point – et ce point, comme il s'est avéré, était le ferry de la plantation, où un bateau était garé. Joe Maxwell atteignit le sommet de la colline surplombant la rivière au moment même où les chiens atteignaient le ferry. Ici, il tira les rênes et regarda autour de lui. Les chiens couraient sur la rive en aboyant et en hurlant. Le son entra dans l'eau, mais, constatant qu'il dérivait vers le bas au lieu de traverser, il sortit et se secoua, tout en continuant à aboyer. A quatre cents mètres de là, il y avait un grand coude dans la rivière. Au fond de ce virage, Joe aperçut un bateau à la dérive. En l'observant, l'idée lui vint à l'esprit qu'il ne reposait pas aussi légèrement dans l'eau qu'un bateau vide le devrait. « Supposons, se demanda-t-il en riant , et supposons que Mink soit au fond de ce bateau ?

Il écarta cette pensée alors que M. Locke et le jeune Gaither arrivaient.

« C'est un cheval brillant et tonitruant que vous conduisez », a déclaré M. Locke. « Il ferait du bon travail dans une chasse au renard. Où est le nègre ?

"Les chiens peuvent vous en dire plus que moi", a déclaré Joe.

"Eh bien", remarqua M. Locke avec un soupir,

« Je savais qu'il me manquerait s'il arrivait un jour au ferry ici et trouvait le bateau de ce côté. Eh bien, merde, sa peau noire ! s'écria avec véhémence le chasseur de nègres, en jetant un coup d'œil sur la rivière et en apercevant le bateau qui flottait au loin, il est parti et a lâché le bateau ! Cela montre que nous poussions , je suis très proche. Je pense que vous pourriez me faire une « graine » si vous n'aviez pas regardé de plus près lorsque vous êtes arrivé pour la première fois.

"Non", répondit Joe; « Il était hors de vue, et le bateau dérivait autour du coude. Vous n'étiez pas plus de cinq minutes derrière moi.

"Bénis ton âme, mon pote", s'est exclamé M. Locke, "cinq minutes, c'est très long quand tu essaies d'attraper un fugitif."

Ainsi s'est terminée la course après Mink. Pour Joe Maxwell, c'était à la fois intéressant et instructif. Il aimait beaucoup les chiens et la merveilleuse interprétation de Sound lui avait donné de nouvelles idées sur leur sagacité.

Quelques matins après la tentative infructueuse d'attraper Mink, une chose très étrange se produisit. Harbert balayait l'imprimerie, ramassant les caractères tombés par terre, et Joe se préparait à commencer sa journée de travail. Soudain Harbert parla :

vous sortirez de la rivière dimanche, est-ce qu'il vous arrive de voir son bateau flotter ?

Joe regarda Harbert pour obtenir une explication de cette singulière question, mais le nègre feignit d'être très occupé à ramasser des bouts de papier.

«Oui», dit Joe après une pause, «j'ai vu un bateau dériver sur la rivière. Et ça ?

"Eh bien, suh , je vois ef de trufe ouais je suis parti, ça dey wuz one euh yo 'ole' connaissance dans ce bateau, et je parie qu'un thrip dat Si vous aviez crié bonjour, ils vous auraient répondu bonjour.

Harbert était encore trop occupé pour lever les yeux.

" Frappez le bateau le plus drôle que j'aie jamais rencontré ", a-t-il poursuivi, " encore flottant longtemps tout seul , et puis, par-dessus , il revient flotter longtemps en arrière .

« Comment savez-vous pour le bateau ?

« Pendant que vous parcourez la route, Marse Joe, » dit Harbert, faisant toujours semblant de ramasser les détritus dans la pièce, « vous ne verrez jamais tous ces petits oiseaux voler parmi les buissons et les ordures . ' 'Longue clôture? Eh bien, suh , ces petits oiseaux qui sont parents racontent des histoires Si tu les écoutes tout près, et tout le monde Vos papiers sont ce que vous imprimez . Ils sont puissants à cause de nous , et ils sont très rusés . Ils m'ont toléré beaucoup de choses . Ils disent que le jeune garçon de Gaither a pris et ont dit à Marse Tom Clemmons que quelqu'un était parti et avait volé le bateau au ferry, mais quand Marse Tom sort pour voir son bateau , elle a raison de savoir où il est parti . « euh. Maintenant, comment comptez-vous ça ?

"Alors, Mink..."

"Coon et opossum !" interrompit Harbert, alors que M. Snelson apparaissait sur le seuil.

« 'Possum, c'est vrai !' s'exclama ce sympathique gentleman. « En saison ou hors saison, je ne le refuserai jamais. »

"Eh bien, euh ," dit Harbert, " si je parle de gwine Je tombe sur l'opossum, je saigne et je pars, kase quand j'entends les gens parler de l'opossum , je me fais baver sur le mouf . Le nègre s'en alla en riant fort.

CHAPITRE IV
LES OMBRES DE LA GUERRE

Entre les livres de la bibliothèque et la vie dehors l'après-midi, Joe Maxwell est devenu très attaché à sa nouvelle maison. Son travail chez l'imprimeur n'était pas une tâche, mais un plaisir. Il est devenu un expert en composition et a reçu les éloges sans réserve de M. Snelson. Parfois, il écrivait lui-même de petits paragraphes, les attribuant au « Diable du compatriote », et le rédacteur avait la gentillesse de ne faire aucune objection, ce qui était très encourageant pour le garçon, qui était naturellement timide et sensible.

Seuls les échos de la guerre se faisaient entendre chez Turner ; mais une fois que le rédacteur en chef revint de Hillsborough avec une très triste nouvelle pour une dame qui vivait près *du* bureau du Countryman avec son père, son mari avait été tué dans l'une des grandes batailles, et ses cris lorsque le rédacteur lui en parlait, et le les cris de sa petite fille, ont hanté Joe Maxwell pendant de longues journées. Parfois, il restait éveillé la nuit en y réfléchissant, et dans l'obscurité, il lui semblait qu'il pouvait construire un sinistre mirage de guerre, disparaissant et réapparaissant comme une ombre menaçante, et dévorant les gens.

La guerre était déjà assez horrible, aussi lointaine soit-elle, mais les gens qui restaient chez eux – les femmes et les enfants, les garçons, les hommes exemptés, les vieillards et les infirmes – craignaient un sort encore plus terrible. C'étaient des peurs nées du système d'esclavage, et elles ont grandi jusqu'à devenir une habitude ancrée dans l'esprit. C'étaient les craintes d'une insurrection noire. Les Blancs restés chez eux savaient que les nègres avaient le pouvoir de se soulever et, en une nuit, de balayer de la surface de la terre la force et la substance de la Confédération du Sud. Certains Blancs, parmi les plus ignorants, vivaient dans une terreur constante.

Autrefois, on murmurait que les noirs se préparaient à se soulever, et les craintes du peuple étaient si promptes à confirmer la rumeur selon laquelle les plantations étaient mises en état de siège. La patrouille – appelée par les nègres « patter-rollers » - fut doublée et, pendant un certain temps, les quartiers nègres de toutes les régions du pays furent visités chaque nuit par la garde. Mais Joe Maxwell a remarqué que la patrouille ne s'était jamais rendue à la plantation Turner et il a appris par la suite qu'ils avaient été avertis. Le rédacteur en chef *du Countryman* avait la plus grande confiance en ses nègres, et il ne permettait pas qu'ils soient dérangés la nuit par les « rouleurs de bruit ». Il se moquait des discours sur le soulèvement des nègres, et c'était un de ses mots favoris que ceux qui traitaient correctement leurs nègres n'avaient rien à craindre d'eux.

Joe returns from a rabbit hunt.

Quant à Joe Maxwell, il n'avait pas le temps de réfléchir à de telles choses. Il accompagnait parfois la patrouille dans leurs courses infructueuses et parfois insensées, mais sa curiosité à leur égard fut bientôt satisfaite, et il était plus content lorsqu'il passait ses soirées chez lui avec ses livres, ou à écouter les contes merveilleux que M. Snelson l'a dit pour son bénéfice. Malgré le fait que son travail dans la petite imprimerie était confiné, le garçon réussissait à vivre une bonne partie de son temps en plein air. Il avait une tâche à accomplir – tant de milliers d'ems à définir – et puis il avait fini sa journée. Le réfléchi M. Snelson ajoutait à cette tâche de temps en temps, mais Joe réussissait toujours à l'accomplir de manière à avoir la plus grande partie de l'après-midi pour elle.

Il y avait une chapellerie sur la plantation, présidée par M. Wall, un vieil homme bizarre de Caroline du Nord. Avec l'économie de sa jeunesse, Joe donna au divertissement de la chasse au lapin une tournure commerciale. En automne et en hiver, lorsque les lapins étaient en fourrure, leurs peaux pouvaient être vendues au magasin de chapeaux à vingt-cinq cents la douzaine, et les petits busards étaient si travailleurs et si bien dressés qu'il en vendait parfois jusqu'à trois. une douzaine de skins, par semaine. En plus du plaisir et de l'argent qu'il tirait de ce sport, il s'intéressa beaucoup à la chapellerie.

Les chapeaux étaient fabriqués comme ils l'étaient pendant la Révolution, et comme ils l'étaient sans doute en Angleterre avant la Révolution. Les poils des peaux ou des peaux étaient grattés avec un couteau façonné comme un couteau de cordonnier. La fourrure était ensuite coupée avec une lame en acier sans manche. Lorsqu'il y avait suffisamment de fourrure pour fabriquer un chapeau, celle-ci était placée sur un banc ou un comptoir. Au-dessus du comptoir était suspendu un long bâton auquel était attachée une corde d'arc. Si le bâton avait été plié, il aurait eu l'apparence d'un énorme arc, mais il était droit et la corde en cuir brut avait un peu de jeu. Avec un instrument semblable à une longue bobine, le chapelier attrapait la corde de l'arc, l'éloignait du bâton et la laissait fouetter contre la fourrure lorsqu'elle se remettait en place. Ce fouet s'effectuait très rapidement et se poursuivait jusqu'à ce que chaque touffe de fourrure soit brisée. Ensuite, la fourrure était doucement fouettée pour former ce qu'on appelait une chauve-souris, en forme de peau d'orange. Le chapelier étendit alors délicatement dessus une toile de batiste, l'appuya un peu, saisit la toile au milieu entre le pouce et l'index, la flirta en l'air et souleva la fourrure et tout. Pour Joe Maxwell, cela ressemblait à un tour de magie.

Le tissu, avec la chauve-souris posée doucement et proprement dans son pli, était ensuite placé sur une boîte chauffante et pétri rapidement mais doucement. Lorsqu'il semblait faire trop chaud, on l'aspergeait d'eau. Ce pétrissage était maintenu jusqu'à ce que la fourrure se rétracte. Lorsqu'il était retiré du tissu, il avait la forme des chapeaux que les clowns portaient au cirque, et on l'appelait bonnet. Le bonnet était ensuite plongé dans l'eau bouillante, puis pressé et pétri avec un instrument en forme de rouleau à pâtisserie, mais plus petit. Les ouvriers de ce département étaient obligés de protéger leurs mains de l'eau bouillante au moyen de cuir attaché à la paume de leurs mains. Plus les bonnets étaient roulés et malaxés, plus ils rétrécissaient, jusqu'à ce qu'ils soient enfin prêts à être posés sur les blocs qui leur donnaient la forme du chapeau. On les installait sur ces blocs, qui étaient de différentes dimensions, et on les jetait dans un chaudron d'eau bouillante, où on les laissait rester jusqu'à ce qu'ils ne rétrécissent plus.

Lorsque les chapeaux se sont fait rares après le déclenchement de la guerre, l'éditeur a racheté la participation de M. Wall dans la chapellerie et l'a nommé contremaître. Plusieurs nègres furent placés sous ses ordres et ils devinrent bientôt des experts en confection de chapeaux. Il y avait une grande demande pour ces chapeaux dans tout le Sud et, un jour, Joe Maxwell a vendu une douzaine de chapeaux en laine pour 500 $, en argent confédéré.

Mais la chose la plus intéressante dans la boutique, selon Joe, était le chapelier en chef, Miles Wall, qui était le vieil homme le plus pittoresque que Joe ait jamais vu. Il était analphabète – il ne connaissait aucune lettre du livre – et pourtant il n'était pas ignorant. On lui avait lu la Bible jusqu'à ce qu'il soit ancré dans ses textes et ses enseignements, et il était toujours prêt à débattre de politique ou de religion.

« Chaque fois que vous entendez quelqu'un supprimer quoi que ce soit », disait-il, « à propos de mon état d'esprit et de l' état de ma famille, et si ma santé est bonne, vous vous posez une question. ' dis -moi que je suis un nachul Baptême '. Allez - y et dites- nous ça, et je serai très heureux de vous en parler. Dis- moi que je suis né Baptême '.»

Même si M. Wall ne savait ni lire ni écrire, Joe Maxwell le trouvait un orateur très intéressant. Peut-être était-ce son ignorance des livres qui le rendait intéressant. Il était plus superstitieux que n'importe quel nègre – il croyait beaucoup aux signes et aux présages. Un soir, alors que Joe lui rendait visite, le vieil homme raconta une histoire qui fit une très profonde impression sur le garçon. Il n'y avait rien dans l'histoire, mais M. Wall s'y identifiait et la racontait d'une manière qui la faisait paraître réelle, et il fallut longtemps avant que Joe puisse se débarrasser de l'idée que l'histoire n'était pas vraie. Partout où M. Wall l'a obtenu, qu'il l'ait rêvé ou entendu, il ne fait aucun doute qu'il y a vraiment cru.

CHAPITRE V
M. L'HISTOIRE DE MUR

C'est ainsi qu'il le raconta, à la lueur d'un feu de pin qui jetait sur la petite chambre une lumière vacillante et incertaine :

« Je suis vraiment désolé. Ma fille n'est pas là, commença-t-il, parce qu'elle savait que les gens le disaient . ez bien, ez je l'ai fait; elle était là à la maison et semait euh. Cela est entré dans ma mine pendant que nous étions assis ici à parler de fantômes et ainsi de suite. La fille est finie, yander je m'installe avec Mis Clemmons, et j'aimerais qu'elle soit ici. Elle les connaissait tous .

"Eh bien, monsieur, c'était dans le nord de Californie , juste à côté de la ligne Ferginny, là où nous jouissons tous. Ils avaient une famille qui s'appelait Chambliss – Tom Chambliss et sa femme – et ils avaient un garçon nommé John, à peu près un type sur lequel vous avez déjà posé les yeux. Peu de temps après, Miss Chambliss est tombée malade et est morte. Tom, il se moquait intelligemment , mais peu de temps après , il s'est retourné et s'est de nouveau marié . Il est parti chez quelqu'un pour chercher sa femme, Dieu sait pourquoi , et elle était une chérie ! Elle s'est tellement agitée et a continué de telle sorte que Tom, il a pris son verre, et il est passé de dram ter dram à dire qu'il ne comptait pas du tout. Puis elle a pris Arter John, le garçon, et elle a rendu la vie de cet enfant misérable en le harcelant toute la journée et la moitié de la nuit.

"Un dimanche, elle s'est arrangée et est allée à l'église, après disant à Johnny de rester à la maison et de garder les poules à l'extérieur du sale patch. Elle a verrouillé la porte de la maison avant de partir et a pris la clé avec elle. Il faisait plutôt frais, mais le soleil brillait et Johnny n'aimait pas le froid . Il y avait un grand chêne blanc dans la cour, et il s'est agrippé à lui et s'est élancé sur une branche et est monté sur le toit de la maison, et s'est mis à cheval sur le rayon. Il se sentait très seul, et il ne savait pas quoi faire de lui- même . discrètement .

« Je ne sais pas combien de temps il est resté là, mais tout à coup, un gros gland est tombé sur le toit – *ker -bang !* C'était vraiment un gros coup et il est tombé si fort qu'il a fait sursauter Johnny. Il est tombé sur le toit à peu près à mi-chemin entre le peigne et l'avant-toit, et quand Johnny a regardé autour de lui pour voir ce qui faisait tout ce bruit, il a semé le gland qui roulait vers le haut . où était - il en train de s'installer . Oui Monsieur! stedder En roulant sur le toit et en s'effondrant sur le sol , le gland roule sur les bardeaux comme s'il était en bas du sol. Johnny l'a attrapé et il est arrivé. Il l'a ramassé et l'a bien regardé, puis l'a fait tourner et " tourner " pour voir à quel point il était plus gentil de le voir qui avait roulé en haut d'une colline . rouler en bas de la colline . Pendant qu'il tournait le gland , il aperçut un trou de ver dedans, et il était sur le point de le casser lorsqu'il entendit quelqu'un appeler . On aurait dit sa belle-mère wuz a- callin " je viens de loin , et' il a répondu 'Madame !' thèse ez aussi fort qu'il le pouvait, puis il resta immobile et écouta. Bimeby, il a entendu l' appel à nouveau, et il a répondu : "Qui es-tu, et où es-tu ?" Il semblait qu'à ce moment-là, il pouvait entendre quelqu'un se moquer de moi. certains . Ces sons ici ont été mis hors tension, et il a pris et a tiré le gland sur le toit comme si c'était une merveille. Pourtant, avant qu'il ne puisse tomber, il a semblé être plus gentil avec lui-même, et puis il est revenu à Johnny.

« Ce trieur a rendu Johnny plus effrayant. Il savait très bien qu'il n'avait pas d'aimant dans sa poche, et qu'il ne pouvait pas faire de tête ni de queue pour accrocher son gwine . Il ramassa le gland et le regarda de plus près que jamais, et le fit tourner dans sa main et le tint jusqu'à ses yeux. Pendant qu'il le tenait là, il a entendu une petite voix, très fine , une aiguille de batiste, et on aurait dit qu'elle chantait :

« Ningapie , Ningapie !

Pourquoi me tiens -tu à tes yeux ?

Ningapie , Ningapee !

Ne sais-tu pas que tu ne peux pas voir ?

Ningapie , Ningapeer !

Pourquoi ne me tiens -tu pas à ton oreille ?

"He helt the acorn to his ear."

« Johnny ne savait pas s'il devait rire ou pleurer, mais il a porté le gland à son oreille, et il a entendu l' autre à l'intérieur crier :

« Pourquoi ne gardez-vous pas ma maison pour que je puisse parler par ma fenêtre ? »

« Je ne vois pas de fenêtre », dit Johnny, le trieur tremblant un peu, parce que le Watchermacollum parlait comme s'il était fou. « Est- ce que c'est ici le trou de ver de votre fenêtre ?

« ' C'est Tooby Shore', dit le Whatshisname, 'c'est ma fenêtre et' ma porte d'entrée, et 'mon Peazzer .'

« Eh bien, ce n'est pas plus gros qu'une pinte d'épingle », dit Johnny.

« Mais si ce n'était pas assez grand, dit le… euh… Watchermacollum , je le ferais plus grand. »

"'Quel est ton nom?' dit Johnny.

« ' Ningapie .'

« 'C'est un nom vraiment drôle', dit Johnny. 'D'où viens-tu?'

« La ville de Chuckalucker . »

« C'est dans la chanson », dit Johnny.

« Moi aussi », dit Ningapie . « C'est dans la chanson. Tu ne l'as jamais entendu ?

« Ningapie ! Ningapan !

Il s'est levé et a tué le Booger Man !

Ningapie , Ningapitch !

"C'est lui qui tue une sorcière."

« Johnny était tellement absorbé par les paroles et les chants du petit homme au gland qu'il n'a pas entendu sa belle-mère quand elle est venue, et quand il l'a entendue, il a ricané et a tremblé comme " une feuille de peuplier.

"'Attention!' dit le petit bonhomme au gland. 'Attention! Ayez toujours raison. Ne bouge pas. Je veux vous montrer sumpin '.'

« 'Elle m'écorchera vivant', dit Johnny.

«   » dit le petit bonhomme. « Si elle vous appelle, restez tranquille. »

"Mis. Chambliss a verrouillé la porte et est entrée dans la maison, et a claqué les choses comme si elle était folle. Elle a jeté les pinces sur le ha'ath , a jeté la pelle dans un coin, et a répondu en retour comme si elle le faisait. j'essaie de le conduire dans le mur. Puis elle commença à mâchouiller.

« 'Je vais l'avoir ' ! Je me suis dit que je devais rester et m'occuper du sale patch, et il s'est enfui ! Ne vais-je pas faire en sorte que je paie pour cela ?

« C'est moi », dit Johnny, et il a parlé comme s'il était presque prêt à pleurer.

« 'Attendez !' dit le petit bonhomme au gland. « Restez tranquille !

« Miss Bimeby. Chambliss est sorti de la maison et a regardé partout . Puis elle a appelé Johnny. Elle avait une voix comme un cor de dîner, et on aurait dû l'entendre à un kilomètre ou plus. Johnny , il a secoué et frissonné, mais il est resté immobile. Sa belle-mère appelait et appelait, et cherchait Johnny partout, sauf au bon endroit. Puis elle est retournée dans la maison et peu à peu elle en est ressortie. Elle avait une petite pelle dans une main et une petite boîte dans l'autre.

"'Surveilles la!' dit le petit bonhomme au gland. « Gardez un œil sur elle ! »

« Elle est descendue dans le jardin et a marché en disant qu'elle était arrivée à un prunier Mogul, puis elle s'est agenouillée et a commencé à en creuser les racines. Elle a creusé et creusé, puis elle a mis la boîte dans le trou et l'a recouverte.

« 'Oh !' dit le petit bonhomme au gland. "Maintenant, tu vois où elle cache son argent et celui de ton père. Tout le monde pense que ton père a jeté son argent par les fenêtres, et c'est là qu'il est parti. Je la surveille depuis longtemps.

« Je ne suis pas je me soucie de l'argent, dit Johnny. "Je pense aux personnes fragiles , je vais aller à la merde."

« 'Eh bien,' dit le petit bonhomme au gland, 'quand elle ira à la source chercher un seau d'eau, mets-moi dans ta poche et descends d'ici. Ensuite, remontez un peu la route, et là vous verrez une vache rouge en train de paître . Approchez-vous d'elle, donnez-lui une tape dans le dos et dites : « Ningapie te veut. » Ramène-la à la maison et dis à ta belle-mère qu'un étranger t'a dit que tu pourrais l'avoir si tu allais la chercher.

« Assez de rivage, " pas longtemps avant Mis. Chambliss est sorti de la maison et s'est dirigé vers la source pour chercher un seau d'eau. Elle avait déjà enlevé ses fringues du dimanche pour aller aux réunions , et elle avait l'air très maigre dans sa robe en calicot. Le moment où elle est sortie de vue, Johnny a mis le gland dans sa poche et 'est descendu jusqu'au sol ', puis il s'est éloigné sur la route à toute vitesse , à chaque fois qu'il pouvait y aller. Il n'a pas eu une telle fourrure avant d' apercevoir une vache rouge qui se nourrissait au bord de la route, et elle était aussi une belle vache, ez grosse, ez une boule de beurre, et elle avait l' air d'être capable de le faire . pour donner quatre gallons de lait par jour et en laisser un peu au veau, où qu'il soit . Quand elle a vu Johnny marcher droit vers elle, elle a levé la tête et a soufflé comme le feraient les créatures de vaches, mais elle est restée immobile et a dit à Johnny de venir et lui a tapoté le dos et a dit :

« ' Ningapie te veut.'

«Puis elle secoua la tête et trottina sur les talons de Johnny, et Johnny marcha sur la route enflé de fierté en disant qu'il aimait casser les boutons de son manteau. Quand il est rentré à la maison, sa belle-mère Je me tenais à la porte et je l' attendais avec un caryer, mais quand elle a vu la vache qui le suivait longtemps derrière lui, elle a pris et a tout oublié du fouet qu'elle avait déposé.
.

« 'Pourquoi, Johnny !' dit-elle, " pourquoi donc as- tu donné une belle vache ?"

Dans son effort pour imiter la voix d'une femme, M. Wall a pincé la bouche et l'a tordue à un point si alarmant que Joe Maxwell a cru un instant que le vieil homme allait avoir un spasme. Le garçon a tellement ri lorsqu'il a découvert son erreur que M. Wall a répété son effort d'imitation.

« Pourquoi, Johnny », dit-elle, « pourquoi diable as- tu trouvé une belle vache ? »

"Johnny, il a dit à sa belle-mère qu'est - ce que Ningapie Je dois dire que l' ole'oman , elle était fière d' être Johnny wuz . Elle a tapoté la vache dans le dos, et l'a fortement excitée , puis elle l'a emmenée dans le parking et s'est préparée à la traire. Johnny sentit le gland sauter dans sa poche, il le sortit et le porta à son oreille.

« Surveillez-la quand elle va au lait », dit Ningapie .

« Johnny a escaladé la clôture et a attendu. C'est à peu près au moment où sa belle-mère a commencé à bien traire la vache, qu'un petit chien noir est arrivé et s'est précipité dans la cour en aboyant prêt à tuer. Au moment où elle l' a entendu , la vache a fait un bond et a failli frapper ma vieille Mis. Chambliss terminé. Le temps que tout se calme, voilà qu'arrive une grosse meute de chiens en train de charger le lotpalin en criant à fond, et il semble à Johnny que la vache allait avoir une crise sur le rivage .

« La nuit venue, » continua M. Wall en jetant un autre nœud de pin dans le feu, « Johnny a acheté du lait pour son dîner, puis il s'est couché. Il porta le gland à son oreille pour dire bonsoir au petit bonhomme.

« Ne me mettez pas sur l'étagère, dit Ningapie , et ne me mettez pas par terre. »

"'Pourquoi?' » dit Johnny à voix basse.

« « Bekaze , les rats pourraient m'avoir », dit Ningapie .

« Eh bien, dit Johnny, je vais te laisser dormir sur mon pilier . »

« À un moment donné de la nuit, Johnny s'est senti comme s'il courait au pied de son lit. Il était bien éveillé en une minute , mais il restait très immobile, parce qu'il était s'est moqué . À ce moment-là, il se sentit excité, sauta sur son lit et courut dessus. Puis cela lui est venu à l'esprit à propos de Ningapie , et il a cherché le gland pour dire qu'il l'avait trouvé.

« C'est maintenant votre tour », dit Ningapie . "Lève-toi et mets vite tes clozes et suis le petit chien noir."

, et fut prêt en trois secousses de queue de mouton, et il entendit le petit chien noir cacaprier sur le sol. Quand il commençait, il prenait le gland dans sa main . La porte s'est ouverte pour le laisser sortir, et il s'est tiré dessus quand il est sorti, puis le petit chien noir est parti au trot sur la grande route. Il faisait sombre, mais les étoiles brillaient , et Johnny pouvait dire à l'aune (la constellation d'Orion) qu'il était presque minuit .

« Ils n'étaient pas encore en fourrure qu'ils tombèrent sur un gros chien blanc debout sur la route, mordillant sa morsure et piaffant le sol .

« 'Montez le hoss', dit Ningapie .

« Johnny a sauté sur son dos et le chien est parti au galop sur la route. Peu de temps après, Johnny a vu une lumière briller sur la route, et quand il s'est approché un peu, il a vu que c'était en plein milieu d'un carrefour. Un feu brûlait là -haut, et qui devrait s'en nourrir sinon sa belle-mère ? Ses cheveux étaient détachés et elle ressemblait à ce vieux Nick . Elle marchait autour du feu, marmonnait des paroles plus gentilles, et faisait des mouvements avec ses mains , et c'était un gros chat noir qui marchait autour de lui . elle, et s'est frotté contre elle , et la queue de la créature a enflé sans raison.

« 'Faites attention, maintenant', dit Ningapie , ' et"accrochez -vous à votre chien.'

« Il n'avait pas plus prononcé ces mots qu'une meute de chiens s'est échappée de la pièce.

les bois et "fait pour l' ole'oman , et" Johnny's hoss a - follerin "

' em . Il y avait une monstrueuse dispersion de morceaux et de charbons de feu, et puis

ça ressemblait à ' Oman , des chiens, et tout du riz dans les éléments, et c'était du wuz

sech un autre hurlement et un hurlement et un grognement ez je n'ai jamais été entendu

dans ces parties avant ni sens .

«Quand Johnny est rentré à la maison , il a trouvé son père qui l' attendait et il avait l'air d'un nouvel homme. Puis ils descendirent dans le jardin , et ils trouvèrent un tas d'or emballé dans de petites caisses. Ez pour l' ole'oman , elle n'est jamais revenue. Elle était une sorcière et Ningapie Je l' ai débarrassée de sa sorcellerie.

« Et que devient le gland ? » a demandé Joe Maxwell.

"Ah, Seigneur!" » dit M. Wall avec un soupir, « vous savez comment sont les garçons. Comme si non, Johnny l'a pris et l'a ouvert avec un marteau pour voir quel genre de créature Ningapie wuz . »

CHAPITRE VI
LA CHOUETTE ET LES OISEAUX

Le garçon Gaither est devenu très amical avec Joe Maxwell et il s'est avéré être un compagnon très agréable. Il avait quinze ans, mais paraissait plus jeune, et bien qu'il n'eût aucune connaissance des livres, il était très intelligent, ayant acquis une grande partie des connaissances salutaires que la nature réserve à ceux qui font sa connaissance. Il savait lire un peu et il pouvait écrire son nom, ce qu'il était très fier de faire, en utilisant un bâton comme stylo et un lit de sable comme cahier. En marchant à travers les champs ou les bois, il s'arrêtait là où les pluies avaient lavé le sable et écrivait son nom en toutes lettres en lettres qui semblaient lutter les unes contre les autres : « James K. Polk Gaither ». Comme il y avait un autre James dans sa famille, il s'appelait Jim-Polk Gaither.

Son amitié valait beaucoup pour Joe Maxwell, car il n'y avait pas un oiseau dans les bois ni un arbre dont il ne connaisse le nom et quelques-unes de ses particularités, et il connaissait toutes les routes et tous les sentiers de tout le pays. autour. Il savait où poussaient les fraises des bois, les chincapins et les châtaignes, et où les muscadines, ou, comme il les appelait, les « bullaces », étaient les plus mûres. Les oiseaux ne pouvaient lui cacher leurs nids, ni les créatures sauvages lui échapper. Il possédait une buse apprivoisée qui le suivait parfois dans ses promenades. Il installait des pièges pour les écureuils volants et les apprivoisait dès que ses mains les touchaient. Il manipulait les serpents sans crainte, et ses exploits avec eux étaient stupéfiants pour le garçon de la ville jusqu'à ce que Joe découvre que les serpents n'étaient pas de l'espèce venimeuse. En manipulant des mocassins des Highlands et des vipères étalées, Jim-Polk se limitait à les saisir par la queue pendant qu'ils couraient et à leur casser la tête. Chaque fois qu'il en tuait un, il l'accrochait toujours à un buisson ou à un arbre afin, comme il disait, de faire pleuvoir. Lorsqu'il ne pleuvait pas, son explication était que, comme un serpent ne meurt jamais avant le coucher du soleil, quelle que soit l'heure à laquelle il peut être tué le matin, il s'était tordu et tordu jusqu'à ce qu'il tombe de la branche ou du buisson auquel il était accroché.

Jim-Polk possédait de nombreux dons et connaissances qui intéressaient Joe Maxwell. Un jour, alors que les deux garçons se promenaient dans les bois , ils aperçurent deux faucons à quelque distance. Jim-Polk fit signe à Joe de se cacher sous un buisson d'aubépine. Puis, repoussant son mouchoir devant sa bouche, il se mit à faire un bruit curieux, une série d'exclamations étouffées qui sonnaient comme hou ! — hou ! — hou-hou ! Il imitait le cri de la chouette des marais, que Joe Maxwell n'avait jamais entendu. L'imitation devait être parfaite, car aussitôt il y eut une grande agitation dans les bois. Les plus petits oiseaux s'envolèrent et disparurent ; mais les deux faucons, renforcés par un troisième, s'enfuirent vers le bruit, les plumes ébouriffées, et hurlèrent d' indignation. Ils voulaient dire la guerre. Jim-Polk continuait ses cris étouffés, jusqu'à ce que les garçons entendent un corbeau croasser au loin.

"Maintenant, vous verrez du plaisir", a déclaré le jeune Gaither. "Restez simplement immobile."

Le corbeau volait haut dans les airs et serait passé par-dessus sans le cri étouffé du hibou : hoo ! hou ! hou ! hoo ! — lui attrapa l'oreille et il s'arrêta dans son vol, se posant au sommet d'un grand pin. Se balançant dans cette perspective aérienne, il envoyait ses signaux rauques, et en quelques minutes le pin était noir avec ses compagnons, poussant tous un cri terrible. Certains d'entre eux tombèrent au sommet des chênes broussailleux. Ils ne trouvèrent pas la chouette, mais ils aperçurent les faucons et poussèrent leur cri de guerre. Joe Maxwell n'avait jamais vu de tels croassements, cris, battements d'ailes et combats auparavant. Les faucons échappèrent aux corbeaux, mais ils laissèrent beaucoup de leurs plumes sur le champ de bataille. L'un des faucons ne s'échappa pas complètement, car, effrayé, il s'envola hors des bois vers la nature, et là, il fut attaqué par un tyran, que Jim-Polk appelait un hirondelle. Ce petit oiseau, pas plus gros que son cousin l'oiseau-chat, s'allumait sur le dos des faucons et y restait aussi longtemps qu'ils restaient en vue. Le tumulte provoqué par les corbeaux avait attiré l'attention de tous les oiseaux, sauf les plus petits, et ils volaient dans les arbres en poussant des cris de colère ou d'alarme, essayant tous de retrouver la chouette.

L'incident était très intéressant pour Joe Maxwell. Il a découvert que la chouette est l'Ismaël ailé des bois, le plus détesté et le plus craint de tous les oiseaux. Quelques jours plus tard, il alla avec Harbert voir les porcs nourris, et il raconta au nègre combien tous les oiseaux semblaient détester le hibou.

"Seigneur! oui, sah ! » dit Harbert, qui semblait tout savoir de l'affaire. « N'entendez- vous jamais raconter une histoire sur la chouette et les autres oiseaux ? Mon vieux Remus l'a toléré avec moi il y a plusieurs années, et c'est pourquoi j'en entends parler plusieurs fois et ce que j'ai les doigts et les orteils.

Bien sûr, Joe voulait entendre...

L'HISTOIRE DE LA CHOUETTE.

"Eh bien, suh ," dit Harbert, "hit run sorter comme ça : Une fois en arrière, yander , le vieux Remus wuz nés , je le vois, tous les oiseaux étaient de mèche ; ceux qui volent dans les airs, et ceux qui marchent sur le sol , et ceux qui nagent sur l'eau, tous un euh. Ils vivent tous dans la même colonie, et peu importe dey Je devrais ramasser l'endurin 'er de jour, ils le chercheraient sur les quais de la place Ils vivent là-bas, et ils le laissent libre de se reposer . ceux qui sont bin a- ketchin ' et ' a- fetchin '.

« Ils sont restés là, douze , pendant longtemps qu'ils aient fini d'économiser une pile intelligente, d'abord une chose, puis une autre . La pile est devenue si grosse Dey 'gun ter git s'est égaré que certains arrivent longtemps pendant qu'ils nous sommes partis et il est Derse'f . Bimeby some er de mo ' ' épicé ' parmi eux et ' disent que quelqu'un a volé de la fumée de provision ce qu'ils ont économisé dans les moments difficiles. M. Jaybird, il partageait avec M. Crow, et M. Crow, il partageait avec Miss Chicken Hawk , et Miss Chicken Hawk, elle partageait avec M. Eagle, dont il était le grand maître de tous les oiseaux. Et ils sont tous co-sponsables avec un autre , et ils sont bas . dey biffer ter Laisser quelqu'un dar fer ter regarder les blagues de l'hiver pendant qu'ils partent à la chasse . Ils ont ricané pendant un long moment, douze fois, M. Eagle, il s'est levé et a dit que ce qu'ils faisaient , c'était d'envoyer une pinte à M. Owl pour monter la garde. M. Owl , il a juste hué là -dessus, mais ça ne sert à rien, Kaze de Yuthers , ils disent que tout ce que M. Owl a à faire , c'est dormir plus , endurer la nuit et rester éveillé, endurer . le jour.

"Alors," poursuivit Harbert, s'arrêtant comme s'il essayait de se souvenir du fil de l'histoire, " ils ont envoyé M. Hibou pour monter la garde, et ils se sont tous envolés , certains dans un sens, d'autres encore . " M. Owl, il a replié son siège, il l'a fait, comme il l'a fait dans une civière très intelligente du pays avec son gros globe oculaire, et il s'est assis à droite. Mais bimeby, il est armé ter git solitaire. Ils veulent que personne ne parle , et le soleil brille si fort qu'il bipe ter il a fermé les yeux, et pour qu'il sache ce qu'il fait , il était en train de se coucher . Hoddin 'même chose , un nègre près d'un feu de hick'ry . De temps en temps , il se mettait en colère et essayait de rester éveillé, mais, faisant ce qu'il voulait, il ne pouvait pas garder les yeux ouverts, et à un moment donné, il cassait sa mouf comme s'il était fou et ensuite il lui giflait la gifle. la tête sous son aile et s'est endormie de bonne façon. Kaze quand un oiseau a mis sa tête sous son aile, c'est le même ez vin ter bed and' pullin ' de kiver ' roun ' yo ' années.

"Eh bien, hein , bon sang , il s'endort profondément. « Longtemps dans la journée , M. Crow et M. Jaybird, ils se sont rencontrés un an dans les bois, et ils se sont assis dans un arbre populaire pour mener une conversation. Ils ont fait bin coy- spon ' avec un autre et ils bofe bin tirant du maïs. M. Crow'low ter M. Jaybird, il n'est pas si sûr de M. Owl, parce qu'il est vraiment somnolent. Largeur ça , M. Jaybird, il s'est levé et a dit qu'il avait compris j'ai une idée dans sa minute. Ils sont prêts à échanger et à parler de M. Owl, douze fois , plus tard, ils sont d'accord. je retourne en fer de colonie et "vois ce que fait M. Owl ".

"Eh bien, suh , ils sont allés chéri , et chéri dey trouvé ' ' je suis . Yasser! M. Hibou wuz chérie . Il était il s'installe sur une voiture , la tête jetée sous son aile, et tous les parents veulent me réveiller . Ils ont crié " je suis des plus bruyants " Dey kin, et bimeby, il s'est réveillé et a sorti sa tête de sous son aile et a regardé um des ez solium ez un prédicateur de camp- meetin . Dey ' buze ' je suis — dey quoiled - ils m'appellent _ dehors son nom - dey s'est moqué de moi , mais cela ne sert à rien. Il l'a fait , il l'a fait, et regarde, et il n'a rien dit de grand. Cela rend M. Crow et M. Jaybird très fous, kaze quand les gens se moquent et ne peuvent laisser personne pour ter quoil en retour à euh, ça rend um wuser fou et qu'est-ce qu'ils wuz au début. Ce soir-là, quand les autres oiseaux sont rentrés à la maison, M. Crow et M. Jaybird, ils ont eu une histoire formidable à raconter. Certains l' ont cru et d'autres ne l'ont pas cru . Miss Jenny Wren, et M. Jack Sparrow, et Miss Cat Bird, ils je l'ai cru , euh, et ils ont continué si bien que douze de vos oiseaux ne peuvent pas entendre leurs propres années, skacely . Mais les gros oiseaux, leur trieur , se sont arrêtés et ont dit qu'ils vin ter donner à M. Owl une chance supplémentaire .

"Eh bien, euh , ils donnent deux mois d'essais à M. Owl , sans parler d'un, et à chaque fois ils laisse - moi Si je faisais attention à mon jardin , ils finiraient par s'endormir profondément. Et ça ce n'est pas tout; dey esquivé que quelqu'un a glissé dans un panier de provisions.

« Cela règle le hash pour M. Owl. Les oiseaux sont restés un jour et ont emmené M. Hibou pour le procès, et ils ont établi la loi qui fum à quelle heure est-il arrivé que M. Owl n'ira pas avec d' autres oiseaux, et que la prochaine fois , ils kotch , je n'ai plus rien à dire, wuz ter soit donné, et dey Je serais tous tombé dans une faute, je suis et je suis fragile . Ils disent que quand il dort , il dort avec bofe les yeux grands ouverts, et ils l'ont laissé tomber , il doit surveiller toute la nuit, et ça Chaque fois qu'il entendait du bruit, il se mettait à crier :

« 'Qui—qui—qui nous harcèle tous ?'

« C'est par là que Law Stan's est, » continua Harbert en plaçant son panier de maïs sur le rail supérieur de la clôture, « un c'est comme ça que ça gwine ter stan'. Ce jour -là , quand M. Hibou dort, il dort avec ses yeux grands ouverts, et quand les autres oiseaux le chassent, ils se tournent vers moi comme des gens qui éteignent le feu, et quand il se lève et crie pendant la nuit, vous pouvez l'entendre dire :

« 'Qui—qui—qui nous harcèle tous ?'

Avec un rire auquel Joe Maxwell se joignit chaleureusement, Harbert tourna son attention vers l'appel de ses porcs, et la façon dont il le faisait était aussi intéressante pour Joe que l'histoire l'avait été. Il avait une voix d'une force et d'une puissance merveilleuses, aussi pénétrante et mélodieuse que les notes d'un cornet. Par une journée calme, quand il y avait un peu d'humidité dans l'air, Harbert pouvait se faire entendre à deux milles. Le parcours sur lequel les porcs parcouraient était d'au moins un mile et demi de l'enclos. En les appelant, le nègre se mit à chanter. Ce n'était que le refrain que les porcs lointains pouvaient entendre, mais à mesure qu'il résonnait dans les collines et les vallées, il semblait à Joe être l'essence même de la mélodie. La chanson ressemblait à ceci :

CHANSON DE HOG-FEEDER.

Oh, levez-vous, mes dames, lissen sous moi,

Waouh ! Waouh ! Gee- woop ! Waouh ! _

Je suis de retour cette nuit pour vous frapper.

Waouh ! Waouh ! Gee- woop ! Goo- whoo !

Cochon-goo ! Cochon-gee ! Gee-o- whe !

Oh, les étoiles semblent brillantes comme elles chute de gwineter ,

En'way Au coucher du soleil, tu entends l'appel de Killdee :

Ste-wee! Killdee ! Cochon-goo ! Cochon-gee !

Cochon! Cochon! Cochon-goo ! Cochon! Cochon! Cochon-gee !

barre bleue crie kaze, il ne peut pas se serrer ,

Et il s'est bosselé en arrière, comme le font les nègres—

Oh, putain de bleu ! Cochon-gee ! Cochon-goo !

Cochon! Cochon! Cochon-gee ! Cochon! Cochon! Cochon-goo !

Oh, levez-vous, mes dames ! Écoutez - moi !

Waouh ! Gwoopee ! Gee- woop ! Waouh ! _

Je suis d' accord ce soir-là, je suis galant avec toi !

Waouh ! Gwoopee ! Gee- woop ! Goo- hoo !

Cochon-goo ! Cochon-gee ! Gee-o- whe !

Ole Sow a le sens des ez sho tu bon

'Kaze, elle a pris l'intuition du baskit pour se briser avec —

Madame, vous faites trop de gratuité ! Cochon-goo ! Cochon-gee !

Cochon! Cochon! Cochon-goo ! Cochon! Cochon! Cochon-gee !

Quand le cochon est gros, il ferait mieux de rester proche,

'Kaze gros cochon sympa pour se cacher en ' roas' —

Et il a très bon goût dans le barbecue !

Oh, le cochon des roas , shoo ! 'N-miam ! c'est un barbecue !

Cochon! Cochon! Cochon-gee ! Cochon! Cochon! Cochon-goo !

Oh, levez-vous, mes dames ! Écoutez sous moi :

Waouh ! Gwoopee ! Gee- woop ! Waouh ! _

Je suis de retour cette nuit pour frapper autour de toi !

Waouh ! Gwoopee ! Gee- woop ! Goo- whoo !

Cochon-goo ! Cochon-gee ! Gee-o- whe !

« Marse Joe », dit Harbert après avoir compté les porcs pour s'assurer qu'il n'en manquait aucun, « je suis allé chez moi pour vous. Je pars pour aller le chercher ce soir-là.

"Qu'est-ce que c'est?" demanda Joe.

« Ce n'est pas grand-chose, » dit Harbert. "Des de la bière simmon et du gâteau au gingembre."

"Je vous suis très reconnaissant", a déclaré Joe.

"Oh, ça ne me dérange pas ", dit Harbert rapidement. "J'étais en train de monter les chevaux de calèche la nuit dernière quand j'ai entendu quelqu'un m'appeler , et je suis allé à la clôture, et dar wuz un nègre'oman avec une cruche dans une main et un paquet dans le pis, et elle dit chéri wuz de la bière simmon et des gâteaux au gingembre, et elle s'est levée et m'a haché, serais-je si complaisant pour donner à Marse Joe Maxwell, et j'ai dit que je serais si complaisant .

"Qui était cette femme?" » demanda Joe.

"C'est une parente de Mink", répondit Harbert d'une manière évasive.

"Eh bien, de quel parent ?" demanda Joe.

— Elle n'est pas vraiment une grande parente, nécessiteux, dit Harbert. « Elle est sa femme. Elle est basse Si vous avez du linge à laver que vous voulez faire, elle sera heureuse de le faire, et alors je dis : « Shoo nègre », oman ! Allez putain ici ! Qu'est-ce que vous voyez ma femme ici pour ?'

Ici, Harbert essaya de paraître indigné, mais échoua. Il poursuivit alors : « C'est de la bière simmon qu'il y a une inscription dedans. »

"De quel signe s'agit-il?" demanda Joe.

"Eh bien, suh , quand ' Simmons est mûr, il y a un panneau sur le rivage indiquant que l'opossum est prêt à manger, et que ce n'est pas bon ." vin Ça va être long pour que tu m'entendes crier dans les bois , mais surtout si je veux holter ces chiens, ce que ce garçon de Gaither a eu. Quand il s'agit d' opossum et de coon, ce sont les chiens les plus doués que vous ayez jamais vus .

«Je peux récupérer les chiens à tout moment», a déclaré Joe.

"Eh bien, dit Harbert avec enthousiasme," après ce soir, vous ne pouvez pas partir trop tôt.

CHAPITRE VII
LE VIEUX ZIP COON

Jim -Polk Gaither était très heureux d'aller chasser avec Joe Maxwell, ayant pris un fort goût de garçon pour le garçon, et ainsi un samedi soir, il vint chez Turner avec ses chiens, Jolly et Loud. C'étaient de grands chiens de belle apparence, et Joe les examinait avec intérêt. Leur couleur était noire et feu, et chacun avait deux petites taches jaunes sur les yeux. Loud était le plus lourd des deux, et Jim-Polk expliqua qu'il avait « le meilleur nez » et la meilleure voix, et pourtant il déclara qu'à certains égards, Jolly était le meilleur chien.

Harbert s'était déjà préparé pour la chasse, et il apparut bientôt avec une hache et un paquet de grosse ficelle pour servir de torches.

"Maintenant," dit Jim-Polk, "quel genre de jeu veux-tu ? Est-ce que ce sera « possum ou coon ? »

"C'est à Marse Joe de le dire", dit Harbert,

"Ce sont des chiens très drôles", a expliqué Jim-Polk. « Si vous commencez avec une lumière, ils chasseront les opossums toute la nuit. Si vous allez dans les bois et cherchez un cri ou deux avant d'allumer une lumière, ils ne remarqueront aucun opossum ; mais tu ferais mieux de croire qu'ils feront se soulever le vieux Zip Coon hors du sol. Donc , quoi que vous vouliez, vous devrez commencer du bon pied.

Old Zip Coon.

"'Possum est vraiment bon", dit Harbert, voyant Joe hésiter.

"C'est très amusant de diriger un coon", a déclaré Jim-Polk.

"Eh bien," dit Joe, "commençons sans lumière."

"C'est réglé", s'est exclamé Harbert avec une grimace de bonne humeur. "J'ai fait une chasse aux poubelles avec ces chiens avant '."

"Vous avez dû les voler ", a déclaré Jim-Polk .

"Non, euh ," répondit Harbert, "Je suis allé avec Mink."

«Je souhaite à Dieu», s'est exclamé Jim-Polk, «que Mink soit à la maison. Pap, il se range du côté du surveillant, mais quand je serai un peu plus grand , je vais me précipiter et donner un frêle coup à ce surveillant, si c'est le dernier acte.

"Maintenant tu parles !" » dit Harbert avec emphase.

Il leur fallut un certain temps avant de quitter les pâturages, puis ils passèrent chez M. Snelson, afin que Joe puisse changer de vêtements pour un costume plus grossier. Ce gentilhomme était très intéressé par la chasse et il finit par se persuader d'y aller.

« Je vais y aller, » dit-il, « aller chercher les gars . C'est un beau désastre dans lequel je cherche à me mettre , et tout cela est dû à mon bon sentiment . Ils me tueront un jour, et un homme bien partira sans aucun ami pour le remplacer.

M. Snelson était si enthousiaste qu'il voulait ouvrir la voie, mais après être tombé sur une souche et s'être précipité tête baissée dans un tas de broussailles, il s'est contenté de donner l'exemple à Harbert.

Jim-Polk, qui fermait la marche avec Joe Maxwell, fit comprendre à ce dernier que même s'ils n'attrapaient pas de coon, ils s'amuseraient bien avec l'imprimeur génial.

"Nous nous amuserons avec lui", a déclaré Jim-Polk, "si nous n'avons pas à le ramener à la maison."

M. Snelson entretenait une conversation animée, qui ne fut interrompue que lorsqu'il entra dans un trou ou un fossé.

« J'ai souvent entendu parler de chasse au raton laveur, » dit-il, « mais il ne m'est jamais venu à l'esprit que ce soit quelque chose qui s'en rapproche . Tu as raison, sûr que c'est la chose habituelle ?

"Vous le penserez avant de rentrer chez vous", a fait remarquer Jim-Polk. Harbert, sachant ce que signifiaient réellement ces mots, éclata de rire.

"Eh bien, eh bien", dit le génial imprimeur, "si tout cela n'est qu'une blague, autant rendre mes traces et rentrer chez moi."

"Oh non!" s'exclama Jim-Polk. « Ne rentre pas chez toi. Si vous pensez que c'est une blague quand nous en aurons fini avec cela, vous aurez peut-être mon chapeau.

«C'est vrai», s'écria Harbert. « C'est vrai, sho ! Et ef il wuz ter git de hat, je pense que je le ferais il le porte. Yasser! C'est ce que je vois.

Les enthousiastes M. Snelson et Harbert étaient en tête, et Joe Maxwell et Jim-Polk fermaient la marche.

"J'espère que mes chiens se comporteront bien ce soir", a déclaré le jeune Gaither. « Vous avez tellement parlé des chiens nègres de Bill Locke que je veux que vous entendiez Jolly et Loud quand ils se hérissent. Mais ils sont très carrés . Si Loud trouve une trace en premier, Jolly commencera à faire la moue. J'appelle ça la poutine '. Il courra avec Loud, mais il n'ouvrira pas la bouche jusqu'à ce que l'odeur devienne suffisamment chaude pour lui faire oublier lui-même. Si c'est un 'opossum', il laissera le vieux Loud s'occuper de toutes les traces et de l' arbre . On pourrait penser qu'il n'y a qu'un seul chien, mais quand vous arriverez à l' arbre , vous trouverez Jolly assis là, aussi naturel que nature.

Les chasseurs étaient maintenant arrivés sur les terres bordant Rocky Creek, et, même pendant que Jim-Polk parlait, la voix d'un chien se fit entendre. Puis il fut répété deux fois – un son doux, d'une grande portée et inspirant, qui fit vibrer tous les nerfs du corps de Joe Maxwell.

"Mince!" s'exclama Jim-Polk d'un ton dégoûté. "C'est du vieux Loud, et nous n'entendrons pas Jolly jusqu'à ce que la piste du coon soit suffisamment chaude pour provoquer une ampoule."

à nouveau , et encore, et toujours avec un entrain croissant, et sa voix, portée à travers les bois et les champs par les vents de la nuit, était des plus musicales.

"Oh mon Dieu!" s'écria Jim-Polk ; « Si j'avais Jolly ici, je le tuerais. Non, je ne le ferais pas non plus ! s'exclama-t-il avec enthousiasme. "Écoutez! il est en train de mettre dedans maintenant ! Sur ce, il poussa un cri qui réveilla les échos et fit sursauter M. Snelson.

« Sur moi, âme ! » dit ce digne gentleman, vous ne mourrez jamais de phtisie . Dans mes livres, j'ai lu des choses qui faisaient sonner le welkin, mais je ne l'avais jamais entendu sonner auparavant.

"Mince!" » dit Jim-Polk ; "Attends qu'Harbert s'émeuve."

Il était vrai que Jolly, comme l'exprimait Jim-Polk, avait « mis la main à la pâte ». Le parfum était suffisamment chaud pour guérir sa bouderie. Courant en harmonie et donnant la bouche alternativement, et parfois ensemble, la musique que faisaient les deux chiens était irrésistiblement inspirante, et quand Harbert élevait par intervalles la voix pour les encourager, même M. Snelson rayonnait d'excitation et d'enthousiasme.

"Maintenant, Harbert," dit Jim-Polk, "vous pouvez allumer vos lampes de voiture, et à ce moment-là, vous saurez dans quelle direction nous devons trotter."

Les torches furent bientôt allumées, une pour Jim-Polk et une pour Harbert, puis ils s'arrêtèrent pour écouter les chiens.

"Ce raton laveur a été capturé loin de chez lui", a déclaré Jim-Polk après une pause. « Les chiens sont entre lui et son arbre creux. Il se prépare pour cette fille dans le champ de dix acres de papa. Il y a un étang là-bas, et le vieux Zip y est allé à la recherche d'appâts de grenouilles. Attendez juste qu'ils tournent la tête de cette façon.

« Tut, tut, jeune homme ! s'exclama M. Snelson avec quelque chose qui ressemblait à un froncement de sourcils. « Vous parlez comme quelqu'un qui lit un livre – c'est ce que je vous dis – et si c'était tout ce que je serais en désaccord avec vous ; mais vous continuez et parlez pour tout le monde comme si vous aviez tout le temps vos deux yeux bénis sur le raton laveur. Viens! si vous savez tout cela, comment le savez -vous ?

«Eh bien, monsieur», dit Jim-Polk, «le coon a trois quarts d'heure d'avance sur les chiens, peut-être un peu plus, peut-être un peu moins. Comment puis-je le savoir ? Pourquoi, parce que je connais mes chiens. Ils ne sont pas à leur hauteur. Ils ne le sont pas courir à plus de la moitié de sa vitesse, si c'est le cas. Je peux le dire à la façon dont ils s'ouvrent sur le sentier. Old Loud prend son temps. Quand il ramènera le coon à la maison , vous l'entendrez assez boisé. Comment puis-je savoir si le coon s'en va loin de chez moi ? Mince! Mes sept sens me le disent. Nous avons commencé tôt. Le vieux Zip aussi. Il était à l'étang à la recherche de grenouilles quand il entendit le vieux Louder s'ouvrir. S'il est éliminé de l'autre côté de la rivière , nous devrons attendre que les chiens le ramènent au ruisseau. S'il frappe de ce côté-ci, il descendra jusqu'au creux d'ici. Voyons ce que disent les chiens.

« Deyer s'anime », a déclaré Harbert .

Les chasseurs marchèrent quelques centaines de mètres jusqu'au bord de la pente qui menait au lit du ruisseau. Soudain, les chiens se turent. Dix secondes, vingt ; une demi-minute s'écoula et on n'entendit plus rien des chiens.

« Autant rentrer chez nous », a déclaré M. Snelson. « Les bêtes voraces l'ont rattrapé, et elles resteront là jusqu'à ce qu'elles l'aient dévoré. Sur mon âme, ce sont des goûts bizarres qu'ils ont !

"Oh, non", répondit Jim-Polk. « Les chiens mangent des lapins et des écureuils, mais ils ne mangent jamais de coons ni d'opossums. Vous entendrez Jolly et Loud terreckly , puis ils seront une vieille maison galante de Zip. Écoutez!"

Tandis qu'il parlait, Loud ouvrit la bouche avec un rugissement qui remplit les bois, et il fut immédiatement rejoint par Jolly, dont la voix plus rapide et plus décisive résonnait comme un accompagnement agréable.

« Ils viennent par ici ! » s'exclama Jim-Polk, essoufflé. « Ne faites pas d'histoires, restez simplement tranquille, pour ne pas faire traverser le ruisseau au raton laveur. Jewhillikens ! J'écoute le vieux Loud a- lumberin ' ! »

Et ça valait la peine d'être écouté. Le courage du chien – des deux chiens – était maintenant assez vif, et ils émettaient une voix avec une chaleur et une vigueur qui n'auraient guère pu être améliorées s'ils avaient été en vue du raton laveur en fuite. Ils semblaient courir à toute vitesse. Ils passèrent à vingt mètres de l'endroit où se trouvaient les chasseurs, reniflant violemment en reprenant leur souffle pour aboyer. À leur passage, Harbert envoya après eux un cri sauvage qui semblait ajouter à leur ardeur.

« Maintenant, alors », s'est exclamé Jim-Polk, « nous devons y aller. Prends la hache, Harbert, et laisse Joe prendre ta lumière.

Levant sa torche, Jim-Polk s'élança après les chiens, suivi de près par Joe Maxwell et Harbert, tandis que M. Snelson fermait la marche. L'intelligent imprimeur n'était pas un bûcheron et il se frayait un chemin à travers les sous-bois et parmi les arbres avec beaucoup de difficulté. Un jour, alors qu'il s'arrêtait un instant pour dégager ses jambes de l'étreinte d'une bruyère de bambou, il se retrouva loin en arrière et il cria vigoureusement à ses compagnons.

«Mère de Moïse!» s'exclama-t-il à haute voix, "voulez-vous me laisser dans le désert ?"

Sans l'oreille attentive d'Harbert, il aurait certainement été laissé de côté. Les autres chasseurs l'attendaient et il arriva en soufflant et en soufflant.

"Je pourrais couper une corde de bois avec la moitié de l'effort!" il s'est excalmé. « Venez, les garçons ! asseyons-nous et comprenons . Mes jambes et tout mon corps politique ont commencé à crier contre cette performance harum-scarum. Devons-nous y aller plus lentement, ou allez-vous me chercher et me porter ?

Les garçons étaient prêts à faire des compromis, mais dans l'ardeur de la poursuite, ils auraient oublié M. Snelson si ce digne gentleman n'avait pas fait connaître sa présence en leur criant dessus chaque fois qu'ils s'avançaient trop loin. Les chiens ont couru tout droit dans le ruisseau sur un kilomètre à toute vitesse. Soudain, Jim-Polk s'écria :

"Ils ont des arbres!"

"Yasser!" » dit Harbert avec un grand cri ; " hé mos' c'est sacré !

"Alors", dit M. Snelson d'un ton sarcastique, "le plaisir est terminé, la gigue est terminée. C'est mille fois dommage."

"Pas beaucoup!" s'exclama Jim-Polk. « La fête ne fait que commencer. Un coon n'est pas une plaisanterie parce qu'il est en haut d'un arbre.

"Eh bien, monsieur," dit M. Snelson d'un air sérieux, "s'ils ont des ailes, sur mon âme, nous aurions dû aller chercher un ballon."

Lorsque les chiens partaient à la traîne, leurs voix avaient une cadence douce qu'on n'entendait pas lorsqu'ils aboyaient contre l'arbre. Ils ouvraient la bouche de manière plus délibérée et mesurée.

Lorsque les chasseurs arrivèrent, les chiens aboyaient et rongeaient alternativement le pied de l'arbre.

«Aboie pour aboyer!» s'écria M. Snelson avec beaucoup de solennité. Sa petite blague était perdue pour tous, sauf pour Joe Maxwell, qui était trop intéressé par le coon pour en rire.

À la grande joie d'Harbert, l'arbre n'était pas très grand et il se prépara immédiatement à l'abattre.

"Attendez un peu ", a déclaré Jim-Polk. "Ce raton laveur n'est pas chez lui, et nous ferions mieux d'être sûrs de l'arbre dans lequel il se trouve."

« Vous avez dû lui rendre visite , » dit l'imprimeur génial, « car comment connaissez-vous sa maison, sinon ?

"Certains de ces jours", dit Jim-Polk en riant, "je viendrai chez toi, je resterai dîner et je te raconterai comment les coons vivent dans les arbres hurlants."

"Allez dîner avec vous", répondit Snelson, "et vous serez plus que bienvenus."

Jim-Polk était trop occupé pour répondre. Tenant la torche derrière lui et l'agitant lentement, il contourna l'arbre. Il semblait enquêter sur sa propre ombre, qui vacillait et dansait dans les feuilles et les branches. Tantôt penché et scrutant, tantôt sur la pointe des pieds et tendant le cou, tantôt penché à droite et tantôt à gauche, il regarda vers la cime de l'arbre. Finalement, il s'écria :

« Le voici, Joe ! Venez jeter un œil à lui.

Joe a fait de son mieux pour voir le coon. Il regarda là où Jim-Polk pointait, en regardant son doigt, mais il fut obligé d'avouer qu'il ne voyait rien.

« Gracieusement vivant ! » s'écria Jim-Polk, ne vois-tu pas ses yeux briller dans les feuilles là-bas ?

"Peuh!" s'écria Joe ; "Je cherchais le coon entier et je pensais que les choses brillantes étaient des étoiles apparaissant entre les feuilles." Mais aucune étoile n'a jamais brûlé aussi régulièrement que les petits orbes vert pâle qui brillaient dans l'arbre.

"Peut-être", a déclaré M. Snelson, après avoir tenté en vain de "faire briller" les yeux du raton laveur , " peut-être que la créature a laissé ses yeux là et s'est enfuie." Mais les autres ne prêtèrent aucune attention à sa plaisanterie.

« La chose à faire maintenant, Harbert, dit Jim-Polk, c'est de placer cet arbre là où il ne se heurtera pas à aucun autre arbre, parce que si nous ne le faisons pas, nous devrons couper un arbre. 'a- slashin ' ici toute la nuit.

"Donc!" s'écria M. Snelson d'un ton tragique. « Eh bien, alors, je vais éliminer le délire de mon canapé autour de moi et m'allonger dans d'agréables der- rames ! »

« Vous voyez, » dit Jim-Polk, « si cet arbre heurte un autre arbre, M. Zip Coon s'en va dans l'autre . Coon est plus rapide éclair sur le saut.

"Je vais le faire tomber de cette façon." Harbert désigna un endroit ouvert d'un geste de la main.

« Sur moi, âme ! » s'est exclamé M. Snelson, "Je ne savais pas qu'on pouvait faire tomber un arbre en haut d'une colline."

"Oui, euh !" » dit Harbert avec une fierté pardonnable. «J'ai nettoyé trop de nouveaux terrains . Je m'allonge, je vais sortir un poêle et mettre le corps et le plat de votre arbre juste dessus. Je suis d'accord avec ça ! »

Sur ce, Harbert retroussa ses manches, dévoilant les muscles gonflés de ses bras, essuya la lame de la hache, cracha dans ses mains, fit tournoyer la hache autour de sa tête et l'enfonça profondément dans le corps du chêne d'eau. C'était un coup profond vers le bas, et il fut rapidement suivi par d'autres jusqu'à ce qu'en très peu de temps l'arbre commence à se balancer un peu. Les chiens, qui avaient cessé d'aboyer, devenaient maintenant agités et couraient partout, mais en gardant toujours une distance de sécurité avec l'arbre. M. Snelson a pris position d'un côté et Joe Maxwell de l'autre, tandis que Jim-Polk se rendait là où l'arbre devait tomber, après avoir averti Harbert de surveiller le raton laveur. Le conseil donné à Harbert a été donné avec raison, car c'est un tour favori du raton laveur de descendre le corps de l'arbre au moment où il tombe et de sauter pendant que les chiens et les chasseurs le recherchent dans la cime touffue.

Ce cocon a fait la même expérience. Tandis que l'arbre vacillait vers l'avant et tombait, il courut le long du tronc. M. Snelson l'a vu, a poussé un cri et s'est précipité pour l'attraper. Au même moment, Harbert poussa un cri qui fut un signal pour les chiens, et les créatures excitées se précipitèrent vers lui. Que ce soit Jolly ou Loud, personne ne l'a jamais su, mais l'un des chiens, dans son enthousiasme, a couru entre les jambes de M. Snel-son. Les talons de ce monsieur volèrent dans les airs et il tomba sur le dos avec un bruit sourd. Abasourdi et effrayé, il savait à peine ce qui s'était passé. La dernière chose qu'il a vue était le raton laveur et il a conclu qu'il avait capturé l'animal.

"Meurtre!" il a crié. « Courez ici et enlevez- les ! Courez ici ! Je les ai !

Alors commença une lutte terrible entre M. Snelson et une branche de l'arbre qui venait juste de toucher son visage, et il continua jusqu'à ce qu'il soit relevé. Il offrait un spectacle ridicule alors qu'il se tenait là, regardant avec colère autour de lui, comme s'il essayait de retrouver l'homme ou l'animal qui l'avait renversé et frappé. Son manteau était déchiré et déchiré, et son pantalon était fendu aux deux genoux. Il semblait se rendre compte de la silhouette qu'il faisait aux yeux de ses compagnons.

"Oh, riez!" il pleure. « C'est votre opportunité . La prochaine fois, ce sera chez quelqu'un d'autre, vous riez. Sur mon âme ! » » continua-t-il en s'examinant : « J'aurais mieux réussi à la bataille de Manassus . Alors c'est ta chasse au coon, n'est-ce pas ? Si le Seigneur et le raton laveur me pardonnent d'avoir participé au travail de cette nuit , je ne pourrai plus chasser le diable, quoi qu'il en soit.

Pendant ce temps, le raton laveur avait sauté de l'arbre, suivi par les chiens. Ils l'avaient dépassé sur la colline, ce qui lui donnait l'occasion de regagner le marais, où les chiens ne pouvaient pas le suivre aussi rapidement. Pourtant, le coon n'avait que très peu d'avantage. Comme l'exprimait Jim-Polk, « les chiens avaient les dents irritées » et ils se précipitaient après lui sans se soucier des freins, des ronces, des lagons ou des bourbiers. Le seul problème était avec M. Snelson, qui a déclaré qu'il était épuisé.

«Eh bien», dit Jim-Polk, «nous devons rester au courant des chiens. Le mieux que nous puissions faire est de vous éclairer et de vous laisser suivre du mieux que vous pouvez. Vous ne pourriez pas vous perdre si vous le vouliez, car tout ce que vous avez à faire est de suivre le ruisseau et vous êtes prêt à nous rejoindre.

Ainsi , M. Snelson, malgré sa prédiction selon laquelle il se perdrait dans le désert et serait dévoré par les bêtes sauvages, sans parler du fait qu'il serait mort de peur par les hiboux, reçut une torche. Puis les garçons et Harbert se précipitèrent en direction des chiens. S'ils pensaient quitter M. Snelson, ils s'en rendaient mal, car ce digne homme, brandissant la torche au-dessus de sa tête, parvenait à les garder en vue.

« Les chiens ne sont pas très loin », dit Joe. "Ils auraient dû parcourir quelques kilomètres à ce moment-là."

"Old Zip est en difficulté", a déclaré Jim-Polk. « Il a tourné , « doublé », « tordu », et « se tortillé ». Il ne peut pas se débarrasser du vieux Loud, et il ne peut pas rentrer à la maison. Alors , qu'est-ce qu'il va faire ?

"Grimpe à un autre arbre, je pense", a déclaré Joe.

"Pas beaucoup !" s'exclama Jim. "Il va se mettre à l'eau."

Les chiens ne s'éloignèrent pas, mais la poursuite continua. Le raton laveur semblait aller dans toutes les directions, à travers et autour, et bientôt les chiens commencèrent à aboyer.

"Il est parti dans une lessive !" s'exclama Jim-Polk avec un cri.

« Bénis-moi mon âme ! et comment le sais-tu ? s'exclama M. Snelson, qui arriva en soufflant et en soufflant.

"Oh, je sais bien ça", a déclaré Jim-Polk. « Le raton laveur est dans l'eau, parce que quand les chiens aboient après lui, ça ne sonne pas comme quand ils avaient la tête en l'air ; et il est dans l'eau de nage , parce que s'il ne le voulait pas , il aurait été kilt à ce moment-là.

C'était comme l'a dit Jim-Polk. Lorsque les chasseurs atteignirent les chiens , ils purent voir le raton laveur nager sans arrêt au centre d'un petit lagon, tandis que les chiens se précipitaient sur les berges.

«Je souhaite à Dieu», s'est exclamé Harbert, « que dey Il y avait des jeunes chiens avec nous, parce que nous aurions alors le plus grand combat gentil. Ils nageaient dans Dar après ce coon, et il leur rapportait un coup d'œil deux fois, puis sautait sur leurs têtes et s'esquivait. Messieurs ! il est vraiment un grand.

"Tu as raison !" s'exclama Jim-Polk. « Il fait partie des anciens. Il se serait livré un combat formidable s'il n'avait pas eu le vieux Loud à affronter. — Allez-y, les garçons ! cria-t-il aux chiens, "allez-le dehors !"

Une longue expérience avait appris aux chiens leurs tactiques. Jolly a nagé et a attiré l'attention du raton laveur, tandis que Loud le suivait, nageant latéralement vers le centre. Jolly nageait lentement, tandis que Loud semblait dériver vers le coon, présentant toujours une bordée, pour ainsi dire. Le raton laveur, suivant les mouvements de Jolly, n'avait prêté aucune attention à Loud. Soudain, il aperçut le chien et se jeta sur lui, mais il était trop tard. Loud baissa la tête et, avant que le raton laveur ne puisse récupérer, attacha ses puissantes mâchoires sur les côtes de la créature. Il y eut une forte bourrasque, une violente secousse, et la bataille fut terminée.

Mais avant que le chien ne puisse amener le raton laveur sur la rive, M. Snelson a poussé un cri paralysant et a couru vers l'eau. Harbert essaya de le retenir.

"Aie! lâche-moi ! lâche-moi ! Je vais vous déranger si vous ne me perdez pas !

Secouant Harbert, l'imprimeur courut jusqu'au bord de la lagune et lui trempa la main et le bras dans l'eau. Dans son enthousiasme, il avait tenu la torche au-dessus de sa tête, et la poix brûlante du gros pin avait coulé sur sa main et le long de sa manche.

"Regardez-moi!" s'exclama-t-il tandis qu'ils rentraient lentement chez eux. « Regardez-moi ! La pauvre femme devra me soigner le corps et me raccommoder mes vêtements, et c'est tout ce que j'ai pour moi. Si vous restez à mes côtés, Joe, poursuivit-il pathétiquement, je ferai votre travail. moi-même , mais vous aurez deux après-midi la semaine prochaine. Et Joe Maxwell « est resté aux côtés » de M. Snelson du mieux qu'il pouvait.

CHAPITRE VIII
QUELQUE CHOSE À PROPOS DE « SANDY-CLAUS »

La maison de Harbert, sur la place Turner, n'était pas loin de la cuisine, et la cuisine elle-même n'était qu'à quelques pieds de la grande maison ; en fait, il y avait un passage couvert entre eux. Depuis les marches arrière de la cuisine, deux morceaux de bois taillés, à moitié enfouis dans le sol, menaient aux marches de Harbert, formant ainsi, comme l'appelait le nègre, un chemin par temps humide, sur lequel les enfants de M. Turner pouvaient courir lorsque les autres de la cour avait été rendue boueuse par les pluies d'automne et d'hiver.

La maison de Harbert avait deux pièces et deux cheminées. L'une des pièces était réservée à lui et à sa femme, tandis que l'autre servait d'atelier de tissage. Dans l'un d'entre eux, Harbert avait l'habitude de s'asseoir la nuit et d'amuser les enfants avec ses souvenirs et ses histoires ; dans l'autre, tante Crissy tissait toute la journée et chantait, suivant le rythme de la navette volante et des tueries dansantes. Les enfants pourraient se lasser de leurs jouets, de leurs poneys et de tout le reste, mais ils trouveraient toujours quelque chose qui les intéresserait dans la maison d'Harbert. Il y avait peu de nuits, surtout en hiver, où ils ne les trouvaient pas assis près de la pierre blanche du foyer du nègre. Lors d'occasions spéciales, ils avaient hâte d'avoir fini de souper avant de sortir le voir. Parfois, ils y retrouvaient tante Crissy, et comme elle était grosse et de bonne humeur, pour ne pas dire joyeuse, elle était toujours une hôte bienvenue, en ce qui concerne les enfants. Quant à Harbert, peu importe que tante Crissy soit présente ou non. Pour reprendre sa propre expression sentencieuse, elle était la bienvenue à venir ou elle était la bienvenue à rester à l'écart. Souvent, Joe Maxwell allait s'asseoir avec eux, surtout lorsqu'il se sentait seul et avait le mal du pays.

Un soir, au début de décembre, les enfants se précipitèrent vers leur souper de pain, de beurre et de lait et coururent chez Harbert. Tante Crissy était là, et son gros visage et ses dents blanches brillaient à la lueur du feu alors qu'elle souriait aux jeunes.

«J'ai eu Noël dans les os», disait-elle alors que Wattie et Willie entraient.

bien , je ne vais pas dire ça " , dit Harbert , " parce que je suis vieux , je n'ai pas de place dans mes os pour rien de grand , " ceppin ' c'est de rhumatismes; ouais ça ne s'entend pas Noël , et je ne le suis pas Je ne fais aucun déni , mais quel est le succès dans l' affaire .

«Maintenant, tu parles », s'est exclamée tante Crissy avec onction. « Vous mos' c'est sacré .

Il y eut une petite pause, puis Harbert s'écria :

« Au nom de mon Dieu, des lissen à ça !

Qu'est-ce que c'était? Le vent, montant et descendant, refluant et refluant comme les grandes vagues de la mer, sifflait sous les avant-toits et soupirait tristement par-dessus la cheminée. Mais ce n'est pas le vent qu'Harbert a entendu. Il y eut un cliquetis aigu sur les bardeaux et un crépitement rapide aux fenêtres. Harbert et tante Crissy se regardèrent puis regardèrent les enfants.

"Qu'est-ce que c'est?" » demanda Wattie en se rapprochant un peu d'Harbert.

"Peuh! Je sais ce que c'est", a déclaré Willie, "c'est de la neige fondue." Harbert secoua gravement la tête en regardant le feu.

« Cela pourrait être le cas, » dit-il, « et puis cela ne pourrait pas être le cas . Ce devrait être le vieux Sandy Claus, un trieur , qui fait des escarmouches et qui tâte son chemin.

" Trufe aussi", dit tante Crissy, se joignant à l'idée. "Il ne devrait pas vouloir embêter personne, alors il laisse les gens croire entacher rien que de la neige fondue. Dey me dit que ce vieux Sandy Claus est un monstre rusé.

"Il saigne « Je vais vivre là- bas , de temps à autre, pendant très longtemps, et je ne l'ai pas vu . ouais . Et je vous ai fait savoir que je devais être un homme puissant et habile qui m'esquive tout le temps. Il doit être parfaitement lisse et élégant.

« Yasser », dit tante Crissy en levant son tablier près du coin et en le regardant pensivement ; « Il est habile et vrai. Il s'allume sur le dessus de la maison, c'est pareil, c'est un geai, et ils il n'y a pas de bagarre quand il glisse vers le bas de Chimberly .

"Dey sez", dit Harbert, d'une manière évocatrice - " dey sez qu'il se frotte avec de la graisse d'oie pour le rendre plus souple et plus lâche ; quand il a eu cette graisse sur moi Personne ne peut pas l'attraper , parce qu'il s'échapperait directement de chez lui .

"Je vois que c'est vrai", a déclaré tante Crissy, " Kaze une fois quand je voulais Je vis avec Marse Willyum Henry et je dors dans la maison à temps, euh Noël , je couche. il aurait de chillun raccroché les bas . Une fois qu'ils se sont tous couchés , je suis resté là à faire un signe de tête . Combien de temps je suis resté là , je ne vous le dirai jamais, mais tout d'un coup , j'ai eu envie d'un vacarme. J'ai fait un saut, je l'ai fait, et j'ai ouvert les yeux. De dehors , tu es ouvert, et tu stannin dar C'était un des chiens de chasse de Marse Willyum Henry . Il se tenait là , il l'a fait, avec ses poils relevés, et il était au milieu, le flotteur était le vieux chat. Son dos était tout courbé et sa queue » - ici tante

Crissy s'arrêta et regarda tout autour de la pièce comme si elle cherchait quelque chose à quoi comparer la queue du vieux chat - « Je ne suis pas je ne te dis pas de mensonge; Cette queue de chat était plus grosse que mon bras ! »

"Je ne le déplore pas ", s'écria Harbert avec ferveur, " mais je ne le fais pas."

"Et ça ce n'est pas tout. Tante Crissy ferma les yeux et rejeta la tête en arrière, comme pour souligner ce qu'elle s'apprêtait à dire. "Ce n'est pas tout - dem ar les bas tu as fini de faire le plein de friandises, et ils J'étais rassasié pendant que je m'installais correctement , chéri . Aucun style de caractères n'a encore été inventé qui donnerait ne serait-ce qu'une vague idée du ton impressionnant avec lequel tante Cissy a fait cette annonce surprenante.

"Ole Sandy wuz Je t'attaque de près, mon gars », s'est exclamé Harbert.

"Mec, tu parles maintenant", dit tante Crissy. "Je veux dire je m'installe juste à cet endroit , poursuivit-elle, décrivant sa position avec des gestes appropriés, et je pourrais avoir des vomissements sur ma main , donc, et enfiler mes bas, et pourtant , malgré tout ça , il y a longtemps, vieux Sandy Claus, pendant que je wuz on s'installe dar hochant la tête et rempli , euh. C'est ce qu'il a fait. Il est venu, il l'a fait, et il m'a rempli le visage . Si j'avais les yeux ouverts , j'aurais une graine , et si j'avais une graine , je l' attraperais juste par la queue du manteau. Yasser! Je l' aurais attrapé s'il m'avait fait un kyar'd de chibrely .

Wattie et Willie écoutaient bouche bée, tant leur intérêt était intense ; et c'est ce qu'a fait, peut-on dire, Joe Maxwell. Mais maintenant Willie parla :

« Supposons que vous l'ayez attrapé, tante Crissy, qu'auriez-vous fait alors ? »

« Shoo, chérie ! Je l'aurais aidé durement et ' fas ' : je l'aurais agacé Avec moi , et quand il tire ter git de mieux avec moi, j'aurais crié le même ez un er dez y'ere ' cats. J'aurais crié si fort que j'aurais juste "alarmé de règlement."

Tante Crissy s'arrêta, croisa ses gros bras sur sa large poitrine et regarda le feu. Harbert, avec une longue paire de pinces, aussi musicales que celles dont parlait Shakespeare, assembla les nez des morceaux et plaça soigneusement un gros nœud de pin au centre. Puis il s'adossa à sa chaise et se frotta pensivement le menton.

"Eh bien," dit-il au bout d'un moment, "je ne sais pas ez, je suis proche du vieux Sandy Claus comme vous l' êtes , sœur Crissy, mais je suis très proche, et je n'en ai pas eu besoin depuis si longtemps. Une nuit des ' fo ' Chris'mas , je wuz gwine'long mais des bois à proximité de la place de Ward. Je suis gwine'long , je suis wuz , trieur étudie avec Je me demande si je devrais raccrocher mes bas. Avec les gens, quand, pour toutes les nouvelles que je connais, j'ai l'air d'être parent l'année de gagner . Frappez le son si fort que je m'arrête net dans mon élan et je me hache moi-même, quel que soit le nom, la bonté est la question. Je ne ressens aucune victoire et je ne vois aucun buisson trembler , mais là-haut, au sommet, les arbres ont frappé on dirait qu'ils c'est un habitué dépêchez-vous de souffler . Mec, monsieur ! elle a juste rugi , chérie , mais je ne vois aucune victoire, et je ne vois aucun buisson trembler . Frapper me fait me sentir si carré ça Si un hick'y -nut avait un drapé n'importe où près de moi, je serais fauché et je m'enfuirais Dar comme de Ole Boy wuz après moi. Ça me fait me sentir si drôle que je ne sais pas si c'est le vieux Harbert qui est sorti , ou un autre nègre qui s'est fait perdre dans un nouveau pays. Je me suis tenu debout , je l'ai fait, et j'ai attendu pour sump'n plus nerveux Cela s'est produit, mais le bruit s'est arrêté, et le rugissement s'est calmé, on aurait pu un an qu'une épingle tombe. J'ai noté mon bref , je l'ai fait, et je suis bas je me dis que tout ça fait du bruit dans de a'r chéri mus ' sholy a-bin ole Sandy Claus agwine je navigue par là. C'est ce que j'avais en tête , mais je n'arrête pas de faire aucune demande . Je me suis désisté, je l'ai fait, et je suis rentré chez moi, et ça me fait du bien quand j'ai eu Dar .

Les enfants ont visité la maison d'Harbert tous les soirs pendant plusieurs nuits avant Noël, mais d'une manière ou d'une autre , ils ne semblaient pas s'amuser. Harbert était tellement occupé avec une chose et une autre qu'ils se sentaient gênés. Ils avaient pourtant l'ardeur et l'espoir de l'enfance et ils continuaient leurs visites avec une régularité persistante. Ils ont été relativement patients, et leur patience a finalement été récompensée.

La veille de Noël, alors que leurs intérêts et leurs attentes étaient sur le point de culminer, ils trouvèrent Harbert assis devant le feu, la tête renversée et les mains croisées sur ses genoux ; et avant que les petits aient pu s'installer confortablement, tante Crissy entra et se jeta sur une chaise.

« *Waouh* !" s'est-elle exclamée. «Je suis fatigué , je ne peux pas vraiment traîner un pied pour toi . On dirait que je suis debout pendant près d'un mois , c'est le cas, et je suis raide , j'ai l'impression que certains sont à moi . vin ter pause en deux. Ils ne le sont pas rien sur la plantation où je n'ai pas mes mains , surtout si c'est du travail. C'est Crissy là-bas, une Crissy dar , tout ce temps béni, et je ne sais pas ce que les nègres paresseux du coin là-bas feraient si Crissy avait une idée pour s'en sortir. Mistiss a la vieille Charity dans la cuisine pour cuisiner et grogner , mais quand ils ont une bonne cuisine à faire, Crissy doit y aller et le faire. Cela ne me dérangerait pas tellement," continua tante Crissy, " ef eux Yuther les nègres aimeraient bien s'immiscer dans ce qui se passe , mais vous vous connaissez , frère Harbert, comment ça ne compte pas ils l'est.

« Ah, Seigneur ! tu n'as pas besoin dis -moi, sœur Crissy, je sais, euh ; Je sais tout . Et oui Ils seront tous en train de fouiller l'un après l'autre pour le lendemain . demain Bonjour , je verrai quel vin ter be de fus fer ter holler

Chris'mas gif' at marster an' mistiss . Maintenant, tu regardes euh ! ils seront tous chéris , et ils Il n'y a personne qui aspire à ce sel. Je suis presque épuisé. Ce matin-là, le stock du lot était en train de crier pour la nourriture, et il faisait grand jour à ce moment-là. Den Dar wuz de milkin ': frappé wuz après le lever du soleil ' fo ' que Marthy Ann est arrivée à l'enclos à vaches. Ce sang de fille vous aime , sœur Crissy, mais j'ai déjà énoncé la loi ; J'ai fini de le tolérer La prochaine fois qu'elle sortira, c'est tard , je le ferais Je suis prêt à tourbillonner et je suis prêt à le faire, si le Seigneur m'épargne.

« Je n'ai aucun lien de parenté , frère Harbert », dit tante Crissy avec emphase. "Tu vas te donner un pinceau et tu vas cette fille est sortie. Elle est nouvelle Je suis avec les vaches, mais aussi sho , elle va sortir pour le lever du soleil.

Harbert en jetant un coup d' œil aux enfants, qui ne s'intéressaient pas du tout aux « soucis » de ces fidèles nègres . Noël est si proche. Le maïs est fait dans la crèche, le fourrage dans la grange, le coton et la gin-house, les porcs sont tués et élevés, et la charité n'est pas pourrait être derrière la dinde cuite dans le pot. Dans ce cas, qu'est - ce qu'on va hacher, à moins que nous soyons descendus là-bas et que nous ayons hache une bénédiction ?

" Trufe aussi!" s'exclama tante Crissy. "Je ne suis pas quollin ', mais ces nègres sont tellement paresseux et ridicules Ils me harcèlent.

"Yasser!" a poursuivi Harbert, "les signes ressemblent tous à Deyer, c'est vrai. Quand je m'assois à plat et que je l'exécute partout, ça me fait me sentir si bien que j'ai une super mine, je vais raccrocher ma chaussette juste à côté, euh, de la confiture chimique, et je m'installe là et je regarde plus tard . voir le vieux Sandy Claus descendre . Ef son pied wuz ter slip, et il wuz ter drapez -vous sur ce support à casseroles , je m'allongerais, il réveillerait toute la plantation. Ma chaussette n'est pas très longue au niveau de la jambe, poursuivit Harbert d'un ton réfléchi, mais elle est très grande au niveau du pied, et le vieux Sandy Claus était ter prends une idée pour ter remplissez -la, elle allégerait peut-être son portefeuille .

« As-tu déjà raccroché tes bas, Harbert ? » demanda Willie.

"Pourquoi, aussi, sho 'chérie, répondit le nègre en riant. "Je vais raccrocher il y a bien longtemps, yander ' fo ' tu es wuz né . Et j'ai aussi utilisé des goodies ter git . Seigneur! Dem wuz fois, sho ' nuff . J'ai utilisé des friandises ter git à l'époque, mais maintenant je pense que je n'aurais pas autant de bonbons pour filles . Mais, je ne sais pas à propos de ça ! Je vais le prendre et raccrocher ce soir-là, et je serai très content si j'ai un petit pain crépitant . Ce pain plus gentil est bon pour moi, «surtout quand il est bien frais.»

"Mec, ne parle pas!" s'exclama tante Crissy. "On dirait que je suis prêt à le goûter maintenant!"

"Tante Crissy, vas-tu raccrocher tes bas ?" » demanda Wattie.

« Bénis ton âme, chérie ! J'ai probablement compris ça. Si je ne veux pas Mais je dors dans la vieille maison de Granny Chaney pour le gardien du trieur. compagnie , je pense que je raccrocherais. Mais ils me disent que ça ne sert à rien si tu raccroches tes bas dans une autre maison. D'un autre côté , la vieille Granny Chaney était si agitée qu'elle était sur le point de chasser le vieux Sandy Claus pour qu'il commence à venir . Je te dis la vérité , frère Harbert, cette vieille créature a fini par être tellement qu'elle ne l'a pas fait skacely les yeux plus proches pour dormir toute la nuit bénie. Elle fait tellement de siestes en endurant le jour, que quand la nuit arrive, elle est éveillée ez ce vieux chat noir, qu'est-ce qui reste éveillé à la grange.

"C'est un homme C'est un truc, mon vieux , dit Harbert . « Elle avait fini de grandir et de se détendre quand j'étais petit bébé. Elle est beaucoup plus âgée que moi, et je ne suis pas un poulet moi-même . Je vois si elle est Pour revenir en arrière et compter jusqu'à Noël, elle a fait beaucoup de choses sur ce qu'est le vieux Sandy Claus.

"Eh bien," dit tante Crissy en changeant de sujet, "je ne suis pas gwine raccroche pas de bas , kaze je tache ça Tout ce que le vieux Sandy Claus a eu pour moi, il le drapera un jour dans la grande maison, et quand je crierai à Mars et Miss le matin, ils le récupéreront.

"C'est vrai", dit Harbert. " Pourtant, j'ai eu une très bonne idée de raccrocher le mien et de prendre ma décision . " Mais je préférerais que ce soit trop gros pour y aller .

"Eh bien, nous allons raccrocher nos bas", a déclaré Willie. "Je vais raccrocher les deux, et Wattie dit qu'elle va raccrocher les siens."

« C'est vrai, chérie ; et si c'est ça c'est pas " nuff " de tourbillonner et d'accrocher un sac de repas. J'ai fait une année pour dire aux gens ce qui accroche de gros sacs sur le bas . Whedder Ils ont du temps , alors les gens, c'est maintenant , je peux vous le dire.

« Harbert, » dit Wattie, « pensez-vous que nous obtiendrons quelque chose ?

"Oh, je le vois bien", dit le nègre. «Je n'ai pas parlé d'une année, tu es si méchant depuis longtemps. Tu fais des coupures scan'lous parfois, mais c'est kaze ton pote te harcèle .

Cette suggestion a tellement mis Willie en colère qu'il a menacé de retourner dans la grande maison et d'aller se coucher, et il y serait allé sans une remarque de tante Crissy – une remarque qui lui a fait oublier sa colère.

« Ils me disent, » dit Tante Crissy d'un ton calme , « que les vaches savent quand Noël arrive, et souvent, chaque année , ma maman dit que quand midi arrive Noël ... La nuit, les vaches se mettent à genoux dans le parking et restent à l' écart pendant un petit moment. Si quelqu'un d'autre m'avait dit que je me serais hué, mais, maman, elle a dit qu'elle avait fini de le faire. Je ne l'ai jamais fait moi-même , mais maman dit qu'elle l'a fait.

"Je parle depuis un an, euh, ça moi-même , " dit Harbert avec révérence, " et ils me disent que le bétail se couche et prie parce que C'est le moment où le Seigneur et le Sauveur wuz né .

"Maintenant, ne bats pas tout !" s'exclama tante Crissy. "Si les créatures stupides disent der pra'rs , je ne sais pas ce que les gens devraient faire . "

"Ils sont des poulets ", a poursuivi Harbert - " on dirait qu'ils connaissent leurs poulets". faire le plein. Dis le soir de l'année, les coqs chantent à sept heures . Je l'ai dit cette année Ils chantent si tôt en signe que Pierre a renoncé à son Seigneur et à son Maître.

«Je pense que c'est vrai», dit tante Crissy.

« Frappez saignement il en sera ainsi », répondit le vieil homme avec l'emphase qui vient de la conviction.

Puis il a laissé entendre qu'il était temps pour les enfants d'aller se coucher s'ils voulaient se lever tôt le lendemain matin pour voir ce que Sandy Claus avait apporté. C'était une suggestion que les jeunes pouvaient apprécier, et ils sortirent précipitamment de la porte et se précipitèrent vers la grande maison.

Avant le lever du soleil, la plantation était en effervescence. Les nègres, affublés de leurs habits du dimanche, riaient, chantaient, luttaient et jouaient. Les mulets et les chevaux, nourris et retournés au pâturage pour les vacances, s'ébattaient ; les vaches meuglaient d'une manière satisfaite, les chiens aboyaient, les oies criaient, les dindes « jappaient » et gobaient, et les poules caquetaient. Un vénérable bouc , avec une barbe patriarcale et des anneaux de plusieurs étés marqués sur ses cornes larges et froissées, avait remonté l'un des longs bras de la vis d'emballage et était maintenant perché, immobile, au sommet même de cette structure pittoresque. , apportant un ajout pittoresque au paysage, alors qu'il se détachait sur le ciel rougissant de l'est.

Willie et Wattie se levèrent si tôt qu'ils durent chercher leurs bas dans l'obscurité, et leurs exclamations de joie, lorsqu'ils les trouvèrent bien remplis, éveillèrent le reste de la maison. A la fin du petit-déjeuner, les nègres étaient tous rassemblés dans la cour, et ils semblaient aussi heureux que les enfants, comme en témoignaient leurs rires et leurs pitreries. Au-dessus d'eux se trouvait Big Sam, un géant par sa taille et un caractère enfantin. Il était connu à des kilomètres à la ronde pour ses exploits de force. Il pouvait porter une balle de coton pesant cinq cents livres et la placer sur un chariot ; et bien qu'il soit fier de ses capacités dans ce domaine, il n'était pas trop fier d'être le leader de toutes ces ébats. Il était encore plus riant et de bonne humeur que ses camarades, et ce matin-là, alors que les nègres attendaient les événements habituels de Noël, Big Sam, les yeux brillants et les dents blanches brillantes, entonna la mélodie d'une plantation. une chanson, et en quelques minutes, la foule sombre s'était disposée en groupes, chacun se joignant à la chanson. Aucun directeur musical n'a jamais eu de refrain plus mélodieux que celui qui a suivi la direction de Big Sam. Ce n'était pas un chœur entraîné, certes, mais la mélodie qu'il donnait aux vents du matin était chargée d'une qualité indescriptiblement touchante et tendre.

Au milieu de la chanson, M. Turner apparut sur la place arrière, et aussitôt un cri s'éleva :

« Gif de Noël , marstre ! Gif de Noël ! » et puis, un instant plus tard, il y eut un cri de « Chris'mas gif, mistiss !

« Où est Harbert ? » demanda M. Turner en agitant la main et en souriant.

« Me voici, maître ! s'écria Harbert en s'avançant d'un des groupes.

"Pourquoi, tu n'as pas joué, n'est-ce pas?"

"Je vais essayer ma main , suh , et je suis très heureux que tu sois sorti, parce que je ne suis pas agile comme je l'utilise . wuz . Ils m'ont eu au milieu du ring , et je ne pouvais pas m'en sortir de toute façon .

« Voici les clés du débarras. Allez ouvrir la porte, et j'y serai directement.

C'était une foule vive qui se rassemblait autour de la large porte du magasin. Pour chacun des plus âgés, il y avait un petit verre chacun, et pour tous, vieux et jeunes, il y avait un cadeau quelconque. Les cadeaux étaient également substantiels. Ceux qui avaient fait leurs propres récoltes trouvèrent un marché rentable juste à la porte de leur maître. Certains d'entre eux avaient fait jusqu'à deux balles de coton sur la terre qu'ils étaient autorisés à cultiver, tandis que d'autres avaient fait de bonnes récoltes de maïs, le tout acheté par leur maître.

Puis le grand chariot à six mulets fut mis en service, et dans celui-ci furent emballés les colliers de chevaux faits de balles et d'écorce de thazard, les paniers, les tapis de sol, les balais, les cannes et la hache. helves, qui devaient trouver un marché dans la ville à neuf milles de là.

Malgré la guerre, c'était une époque heureuse, et Joe Maxwell était aussi heureux que les autres.

CHAPITRE IX
DESERTEURS ET FUGUEURS

Tout était paix dans les plantations, mais la guerre a les bras longs, et elle a laissé tomber ses cadeaux de pauvreté et de privations dans de nombreux foyers humbles que Joe Maxwell connaissait. La guerre a aussi son menu, et une grande partie n'était pas du goût de Joe. Pour le café, il existait divers substituts : patates douces, concassées et séchées, farine desséchée, seigle desséché, graines de gombo desséchées et thé de sassafras. La boisson de Joe était de l'eau sucrée avec du sirop de sorgho, et il la trouva très rafraîchissante et saine. Certains des plats populaires à l'époque coloniale ont été relancés. Il y avait du pain au kaki ; quoi de plus savoureux que ça ? Pourtant, une petite partie de cette contribution a fait beaucoup de chemin, comme le disait M. Wall. Et il y avait du pone de pomme de terre – des patates douces bouillies, pétries, coupées en pone et cuites au four. Et puis il y avait le callalou – un mélange de chou vert, de salade poke et de feuilles de navet bouillies pour le dîner et frites pour le dîner. C'était l'invention de Jimsy , un vieux nègre ramené des Antilles, de son vrai nom Zimzi, et qui s'enfuyait toujours quand on le grondait.

Zimzi.

Le métier à tisser et le rouet à l'ancienne ont continué à fonctionner et les femmes fabriquaient leurs propres teintures. Les filles fabriquaient leurs chapeaux en paille de seigle et de blé, et de très jolis bonnets étaient confectionnés avec la substance fibreuse qui pousse dans le légume connu sous le nom de courge à bonnet.

De tous côtés, il était convenu que les temps étaient très durs, et pourtant ils semblaient très agréables et confortables à Joe Maxwell. Il n'avait jamais vu d'argent plus abondant. Tout le monde semblait en avoir, et pourtant personne n'en avait assez. Tout était en billets confédérés, et ils étaient tous neufs, frais et croustillants. Joe en possédait lui-même une partie et il pensait devenir riche. Mais plus l'argent devenait abondant, plus le prix de tout augmentait.

Au bout d'un moment, Joe remarqua que les hommes plus âgés devenaient plus sérieux. Il y avait des plaintes dans les journaux contre des spéculateurs et des extorqueurs, contre des hommes qui abusaient et maltraitaient les veuves et les épouses des soldats. Et puis il y a eu une loi votée interdisant aux agriculteurs de planter seulement un certain nombre d'acres de terre en coton, afin de pouvoir récolter davantage de nourriture pour l'armée. Après cela vint la loi d'impression, qui donna aux fonctionnaires confédérés le droit de saisir les propriétés privées, les chevaux, les mulets et les provisions. Et puis vint la loi sur la conscription.

Il y avait du mécontentement parmi les hommes qui étaient à la maison, mais ils n'avaient pas à formuler de plaintes sérieuses. Un à un, les officiers conscrits s'emparèrent de tous, sauf ceux qui étaient exemptés, et les précipitèrent vers le front. Ceux qui pensaient que c'était une honte d'être enrôlés se portaient volontaires ou s'engageaient eux-mêmes comme remplaçants.

C'est le résumé des trois premières années de la guerre, dans la mesure où elle a affecté Joe Maxwell. L'impression qui lui était faite était celle d'une croissance lente et graduelle. Il savait seulement que les troubles et la confusion régnaient dans le pays. Il comprit par la suite quelle période solitaire et désespérée cela avait dû être pour ceux qui avaient des parents pendant la guerre ; mais, à cette époque, toutes ces choses lui étaient aussi éloignées qu'un rêve dont on se souvient à moitié. Il rédigea les articles de l'éditeur, critiquant le gouverneur Joe Brown pour certaines attaques qu'il avait lancées contre le gouvernement confédéré, sans les comprendre pleinement ; et il laissa M. Wall, le chapelier, qui était un sécessionniste violent, discuter de la situation avec M. Bonner, le surveillant, qui était un Whig et un peu syndicaliste.

En fin d'après-midi, après avoir écouté une vive dispute entre M. Wall et M. Bonner, Joe a conclu qu'il irait courir dans les champs avec les busards. Alors il les appela et les siffla, mais ils ne arrivèrent pas. Harbert pensait qu'ils avaient suivi certains ouvriers de la plantation, mais, comme cela arrivait rarement, Joe était d'avis qu'ils étaient partis chasser pour leur propre compte. C'étaient des petits chiens très occupés et agités, et il n'était pas rare qu'ils partent seuls à la chasse au lapin. En se dirigeant vers M. Snelson, Joe crut les entendre courir un lapin de l'autre côté de la plantation. Il se dirigea dans cette direction, mais s'aperçut au bout d'un moment qu'ils couraient vers la maison de Jack Adams, et à mesure qu'il s'approchait, ils semblaient s'éloigner. Finalement, lorsqu'il rejoignit les chiens, il découvrit qu'il ne s'agissait pas du tout de busards, mais d'un tas de matons et de « fices ». Et puis – comment cela s'est-il produit, il n'a jamais pu l'expliquer – Joe a soudainement découvert qu'il était perdu.

Peut-être que si cette idée ne lui était jamais venue à l'esprit, il ne se serait jamais perdu, mais cette pensée lui vint à l'esprit et y resta. Il resta immobile et regarda autour de lui, mais l'idée qu'il était vraiment perdu le troubla. Il n'avait pas peur, il n'était même pas inquiet. Mais il savait qu'il était perdu. Tout était étrange et confus. Même le soleil, qui s'apprêtait à se coucher, n'était pas au bon endroit. Joe s'est moqué de lui-même. Il pouvait certainement revenir par où il était venu, alors il tourna la tête, tout en pensant, et partit chez lui.

En marchant et en courant, il avançait rapidement, et il en avait besoin, car le soleil était passé derrière un nuage, et le nuage, noir et menaçant, se levait et remplissait le ciel. Depuis combien de temps Joe était-il parti, il ne le savait pas, mais soudain il se retrouva près d'une vieille cabane. Elle était construite en rondins et la cheminée, faite de bâtons et d'argile rouge, était presque tombée. Le garçon savait que cette cabane n'était ni sur la plantation Turner ni chez Jack Adams. Il n'avait jamais entendu aucun nègre y faire allusion, et il réalisa qu'il s'était enfui de chez lui.

Près de la maison abandonnée se trouvaient les restes d'un verger. Un poirier, déchiqueté et difforme, poussait non loin de la porte, tandis qu'un pommier, avec une partie de son tronc pourri, se dressait près d'un coin de la cabane. Une végétation de pins et de chênes montrait que l'endroit était désert depuis de longues années. À quatre cents mètres de là, dans l'obscurité croissante, Joe pouvait voir une frange blanche briller à l'horizon. Il savait que c'était du brouillard et qu'il s'élevait de la rivière. En suivant la ligne du brouillard, il pouvait voir que la cabane se trouvait dans un méandre de la rivière – le Horseshoe, comme il l'avait entendu appeler – et il savait qu'il se trouvait à au moins six kilomètres de chez lui. À ce moment-là, le nuage avait couvert tous les cieux. Au loin, dans les bois, il pouvait entendre la tempête arriver, ressemblant d'abord à un long soupir, puis tombant avec une précipitation et un rugissement considérables. Joe n'avait d'autre choix que de chercher refuge dans la vieille maison. C'était un jeune au cœur vaillant, et pourtant il ne pouvait résister au sentiment d'inquiétude et de terreur qui l'envahissait à l'idée de passer la nuit dans cet endroit solitaire. Mais il n'y avait aucune aide pour cela. Il ne parvenait jamais à rentrer chez lui dans l'obscurité, et il tira donc le meilleur parti de ce qui lui semblait une très mauvaise affaire. La cabane était presque une épave, mais elle servait à protéger de la pluie.

Joe entra et explora l'intérieur aussi soigneusement que possible dans l'obscurité. Un rat des bois ou un écureuil volant claquait le long des chevrons lorsqu'il entrait, et les poinçons lâches dont le sol était fait se cognaient de haut en bas tandis qu'il les traversait. Dans un coin, en tâtonnant, il trouva un tas de cosses — de maïs — et de paille, et il jugea que la vieille cabane avait parfois servi de grange provisoire. Après s'être assuré qu'aucune autre personne ou créature ne s'y était réfugiée, Joe essaya de fermer la porte. Il a trouvé que c'était une question difficile. Le rebord de la maison s'était affaissé de telle sorte que la porte reposait sur le sol. Il le poussa aussi loin que possible, puis retourna à tâtons jusqu'aux balles et en fit rapidement un lit. Il était épuisé, et les balles et la paille formaient une paillasse confortable – si confortable, en fait, qu'au moment où il avait décidé que c'était une chose agréable de s'allonger là et d'écouter la pluie tomber sur le temps… toit battu, il dormait profondément.

Il ne savait pas combien de temps il avait dormi, mais soudain il se réveilla pour découvrir qu'il n'était pas le seul à avoir cherché refuge dans la cabane. La pluie tombait toujours sur le toit, mais il entendait quelqu'un parler à voix basse. Il resta immobile et écouta de toutes ses oreilles. Il découvrit bientôt que les nouveaux arrivants étaient des nègres, il ne pouvait dire s'il y en avait deux ou trois. À présent, il pouvait distinguer ce qu'ils disaient. La tempête avait cessé, de sorte qu'elle n'étouffait plus leurs voix.

"Je vous dis quoi, mon gars ", a déclaré l'un d'eux, "le vieux Injun Bill, un parent, s'est enfui s'il est gros."

« Seigneur ! Je devais fuir si je voulais suivre le vieux Mink. dit l'autre.

"Sois béni!" a répondu la première voix, "Je cours quand je fais l' inversion , sinon le vieux Bill Locke et ses chiens nègres m'auraient fini de m'attraper il y a longtemps."

« Ils ne s'en sont pas pris à moi, » dit la deuxième voix, « mais je suis un spectateur tous les jours , et quand ils le font, messieurs ! Je suis un gwine ter gratter le gravier ! Vous entendez ce que je vous dis ! »

"Je suis arrivé si vite ", remarqua la première voix, " que tous sont foutus de ce que j'avais fait rebondir dans ma poche."

"Qu'est - ce que tu fais avec autant de Buckeyes?" demanda la deuxième voix.

"OMS? Moi! Oh, je voudrais le sauver pour ça "Je suis un garçon blanc, qu'est-ce qui reste longtemps sans la machine à imprimer ", dit la première voix. « Il m'a aidé longtemps une fois. Harbert, dit- il ce garçon blanc est des ez bon ter nègres ez ef ils sont tous là ter je suis , et il dit qu'il a une tête sur moi . C'est ce qu'Harbert a dit.

"Je vais le voir" , dit la deuxième voix. « Moi-même, je n'aime pas les Blancs , mais je pense que ce garçon est devenu bon en moi . Il est venu en ville.

Joe Maxwell comprit aussitôt que l'une des voix appartenait à Mink, le fugitif, et il jugea que l'autre appartenait à Injun Bill, dont la réputation était très mauvaise. Il savait aussi que les deux nègres parlaient de lui, et non seulement il était satisfait des compliments qui lui étaient adressés, mais il se sentait plus en sécurité que s'il avait été seul dans la cabane. Dans un esprit malicieux, il cria d'un ton sépulcral :

« Où est Mink ? Je veux du Vison ! »

Il essaya d'imiter le ton qu'il avait entendu les mères employer parfois lorsqu'elles essayaient d'effrayer les enfants en pleurs pour les faire taire avec l'homme aux croque-mitaines. Mink ne répondit pas, mais Joe entendait les deux nègres respirer fort. Puis, imitant la voix d'une femme, il s'écria :

« Où est l'Indien Bill ? Je veux Injun Bill !

Injun Bill, whose reputation was very bad.

En imaginant à quel point les nègres étaient horrifiés et à quoi ils ressemblaient alors qu'ils étaient assis par terre, tremblants de terreur, Joe ne pouvait pas se retenir. Il tomba dans un éclat de rire incontrôlable qui lui fit éparpiller les balles sur le sol. Ce procédé, totalement inexplicable, ajoutait à la terreur des nègres. L'Injun Bill, comme il est apparu par la suite, a fait un bond sauvage vers la porte, mais son pied s'est coincé dans une fissure du sol et il est tombé tête baissée. Mink tomba sur lui, et chacun crut qu'il avait été attrapé par la chose qui l'avait effrayé. Ils ont eu une terrible bagarre sur le sol, se tordant les uns sur les autres dans leurs efforts pour s'échapper. Finalement, Mink, qui était le plus puissant des deux, a plaqué Injun Bill au sol.

"Qui est-ce?" cria-t-il, respirant fort de peur et d'excitation.

"Moi! C'est qui ! dit Injun Bill avec colère. "Qu'est-ce que tu fais sur moi ?"

Cette complication fit rire Joe Maxwell jusqu'à ce qu'il puisse à peine reprendre son souffle. Mais il parvint enfin à contrôler sa voix.

"Au nom de Dieu, qu'essayez-vous de faire?"

« Nom du Seigneur ! » s'exclama Mink, "qui es-tu, de toute façon ?"

"C'est ce que j'aime savoir ", dit Injun Bill d'un ton maussade.

"Eh bien, tu viens de parler de moi", répondit Joe. "Je suis resté allongé là sur les balles et je t'ai entendu me donner un super nom."

"C'est toi , petit maître ?" s'écria Mink. « Eh bien, euh ! Si ça ne bat pas mon temps ! Comment se fait-il que tu cherches des manières de fourrure fumantes tu es dans les environs ?

Joe expliqua le plus brièvement possible qu'il était perdu.

"Bien bien bien!" dit Mink en guise de commentaire. «Donnez - moi un tour à ce moment-là. Petit mo'an ', j'aurais pensé que ce vieux garçon m'avait eu. Si j'étais dans une poubelle tout seul quand j'entends ça j'appelle "Je m'allonge, je devrais" tout le côté de la maison. Plat à ton nègre depuis longtemps avec moi, petit maître , il s'appelle Injun Bill. Il dit … »

"' Chut - chut !" » dit doucement l'Injun Bill. Puis dans un murmure : « Attention ! »

Joe était sur le point de dire quelque chose, mais soudain il entendit un bruit de pas qui approchait. Les nègres, d'un mouvement silencieux, se rapprochèrent du mur. Joe resta immobile. Les nouveaux arrivants franchirent la porte sans hésitation. Ils y étaient visiblement déjà allés.

«Je vais prendre et mettre mon arme dans un coin ici», a déclaré l'un d'eux. « Maintenant, ne faites pas de gaffes et ne le renversez pas ; ça pourrait exploser.

"Très bien", dit l'autre. "Où est-il? Je vais y mettre le mien.

Puis ils semblaient défaire leur ceinture.

" Tu n'as pas de correspondance?" dit l'un d'eux. « Je suis mouillé comme un rat noyé . J'ai du petit bois quelque part près de chez moi. Ma volonté, si je le faisais frire, poursuivit-il, serait de m'asseoir devant une grande cheminée, en train de sécher moi - même , et de savoir tout le temps qu'un grand plateau de biscuits chauds et onze livres de beurre m'attendaient dans la cuisine.

« Tonnerre ! » s'écria l'autre, ne parle pas ainsi. Tu me rends tellement nerveux que je n'arrive pas à trouver les matchs.

« Oh, eh bien, » dit le premier, « je pensais juste à manger . J'aimerais que Mink'ud vienne s'il arrive .

"Je suis venu, Mars John", a déclaré Mink.

"Confondre ta peau noire!" s'écria l'homme ; « Si j'avais mon arme, je te tirerais un trou à travers ! Pourquoi veux-tu m'embêter pendant un an de croissance ? Si tu es là, pourquoi ne pas faire une session avant que tu parles ?

" Kaze , j'ai de la compagnie ", a déclaré Mink.

L'homme poussa un long sifflement, signe de surprise. "Qui as-tu?" » demanda-t-il presque sauvagement.

« Bill Injun. »

"Qui d'autre?"

"Un garçon blanc."

« Eh bien, les grands serpents ! Quel genre de jeu prépares-tu ? Qui est le garçon blanc ?

"Il reste sur la plantation Turner au bureau d'impression ", a expliqué Mink.

"Vous entendez ça, n'est-ce pas?" dit l'homme à son compagnon. "Et maintenant, tout sera dans le journal."

"Étalages!" s'exclama Joe. « Je ne vous connais pas du côté des semelles en cuir. Je me suis perdu pendant une chasse au lapin et je suis venu ici à l'abri de la pluie.

«C'est un type qui parle beaucoup » , dit l'homme qui voulait manger un plateau plein de biscuits chauds et onze livres de beurre.

"Il est venu en ville", a déclaré Mink, pour expliquer le " partenariat " de Joe.

"Depuis combien de temps?" » demanda l'un des hommes.

"Il y a deux ans", a déclaré Joe.

Au bout d'un moment, l'un des hommes réussit à trouver une allumette et à allumer du feu avec les petits bois de pin que l'un des deux avait apportés. Dans un coin, Mink trouva quelques morceaux de bois sec et la petite entreprise alluma bientôt un feu. Il ne faisait pas froid, mais le feu devait être très agréable aux hommes blancs qui, comme le disait l'un d'eux, « se tordaient , étaient mouillés ». Ces hommes profitèrent de la première occasion pour examiner Joe Maxwell de très près. Ils s'attendaient évidemment à trouver un personnage bien plus redoutable qu'il ne le paraissait, car l'un d'eux dit à l'autre :

"Eh bien, il n'a pas Un savon plus gros qu'une livre après une dure journée de lavage .

"Non!" dit l'autre. «J'ai déjà vu ' je suis ' . C'est ce petit coq qui courait partout en ville dans toutes sortes de délires . Je pense qu'il est en train de trier son élément ici dans le pays.

"Je t'ai vu aussi", dit Joe. « Je vous ai vu tous les deux. Je vous voyais faire des exercices avec les Hillsborough Rifles. J'étais au dépôt lorsque l'entreprise est partie à la guerre.

Les deux hommes se regardèrent d'une manière singulière et s'occupèrent de faire sécher leurs vêtements près du feu, debout près des flammes vacillantes. Ce n'étaient pas de beaux hommes, et pourtant ils n'étaient pas méchants. L'un d'eux était petit et gros, avec des cheveux noirs. Il avait une cicatrice sous l'un des yeux qui n'améliorait pas son apparence. Mais l'expression de son visage était agréable malgré ce défaut. L'autre était mince, grand et voûté. Sa barbe était rare et rouge, et ses dents supérieures dépassaient à tel point que lorsque son visage était au repos, elles étaient exposées à la vue. Mais il y avait une lueur humoristique dans ses yeux qui trouva un écho dans son discours. Les deux hommes devenaient gris. L'homme noir était Jim Wimberly, l'autre John Pruitt, et tous deux avaient visiblement connu des moments difficiles. À la manière des soldats, ils se fabriquaient des sièges en collant les extrémités de planches détachées à travers les fissures et en laissant les autres extrémités reposer sur le sol. Ainsi, ils pouvaient s'asseoir ou s'allonger de tout leur long à leur guise. Joe s'est fixé un siège de la même manière, tandis que Mink et Injun Bill étaient assis par terre de chaque côté de la cheminée.

sa pipe avec un éclat et se tournant vers Joe, « ces hommes d'ici qui s'interposent dans l'armée et reviennent ensuite à la maison sans foi ni permis ?

« Des déserteurs », répondit simplement Joe.

" Alors la fourrure , tout va bien. dit M. Pruitt. « Maintenant, comment appelez-vous les hommes qui se trouvent entre les rangs de l'armée après la guerre ? On leur a dit que leurs familles seraient prises en charge et entretenues par les gens riches du pays ; et alors, arter Ils ont été dans une situation très difficile, ils savent que leurs femmes et leurs enfants sont en train de regarder la famine en face, et un stedder. ça va mieux, ça devient chiant, et ils se déchaînent et rentrent à la maison ? Maintenant, comment les appelez-vous ? Attendez!" s'exclama M. Pruitt, alors que Joe était sur le point de répondre. "Attendez! Ils n'ont ni argent ni nègres ; ils n'ont rien d'autre qu'un petit morceau , euh . Ils s'en vont en s'attendant à ce que leurs femmes soient prises en charge , et ils rentrent à la maison et leur infligent une amende dans les dernières étapes. Comment les appellez-vous, les trieurs ?

"Eh bien," répondit Joe, "je n'ai jamais entendu parler d'une telle chose auparavant."

"Non", a déclaré M. Pruitt, "et je suis vraiment désolé que vous en ayez entendu parler maintenant. Ce n'est pas une pure histoire.

« Qui sont les hommes ? » » demanda Joe.

« Cordialement, John Pruitt et Jeems Wimberly, district d' Ashbank , bureau de poste de Hillsborough, État de Géorgie », a déclaré solennellement M. Pruitt.

Joe avait entendu des allusions et des rumeurs selon lesquelles, dans certains cas, surtout lorsqu'ils vivaient loin des comités de secours, les familles des soldats n'étaient pas aussi bien pourvues qu'elles étaient en droit de l'espérer. Il avait même publié des éditoriaux dans *The Countryman* qui laissaient entendre que les femmes et les enfants des soldats souffraient ; mais il n'a jamais imaginé que c'était assez grave pour créer du mécontentement parmi les soldats. L'histoire racontée par M. Pruitt et son compagnon a étonné Joe Maxwell, mais il n'est pas nécessaire de la répéter ici en détail. En résumé, les deux soldats avaient déserté parce que leurs femmes et leurs enfants manquaient de nourriture et de vêtements, et maintenant ils étaient en fuite.

———————————

CHAPITRE X
LES CONTES

L' étrange compagnie resta longtemps silencieuse. M. Pruitt et M. Wimberly étaient assis, les coudes sur les genoux et le visage dans les mains, et regardaient la cheminée, tandis que les deux nègres, fidèles à leur nature, commençaient à hocher la tête lorsque la conversation cessa. Le silence devint enfin douloureux pour Joe Maxwell.

« Mink », dit-il, « supposons que vous entendiez quelqu'un arriver, que feriez-vous ? »

"Je m'en inquiétais il y a quelque temps ", répondit le vaillant nègre en passant rapidement sa main sur son visage . "Je pense que je serais comme le vieux mouton dont vous entendez parler dans le conte."

« Quelle était cette histoire ? » demanda Joe.

"Oh, ce n'est pas une longue histoire", a déclaré Mink. « Une fois dey wuz er ole mouton qu'est-ce qui avait deux chilluns . Elle m'a appelé un jour et lui a dit Ils feraient mieux de rester vigilants pendant qu'ils mangent du kaze. ef ils ne s'amusent pas _ sacré gwine git euh. Ils disent "Yessum", et ils sont allés là- bas gambader de haut en bas de fiel . Bimeby est revenu en courant et a dit bas : « Oh, maman, c'est un homme ! » Faut-il qu'on s'enfuie tous ?

« Ole maman mouton, elle 'low : 'Non ! Allez « longtemps et jouez ».

« Plus tard, ils reviennent en courant : « Maman, maman ! tu es un connard ! Faut-il qu'on s'enfuie tous ?

« Ole maman mouton 'low : " Allez frum ici ! Allez jouer.

«Bimeby revient en courant . « Maman, maman ! tu es une vache! Faut-il qu'on s'enfuie tous ?

« Ole maman mouton dit : 'Allez jouer, et 'arrêtez votre comportement ! '

« Au bout d'un moment, ils reviennent en courant . 'Maman! oh, maman ! tu es un chien ! Faut-il qu'on s'enfuie tous ?

"'Oui oui! Cours, chillun , cours !'

"C'est comme ça que je suis", a déclaré Mink. "Ef, je veux dire J'entends un cornin , je ne saurais pas si Je reste immobile et je hoche la tête, ou je demande pour casser et courir.

« Cela n'a pas vraiment d'importance, » remarqua M. Pruitt, « mais il y a là-dedans une signification bien plus profonde, Shore. »

« Bouh ! » s'exclama Mink, " ça ce n'est pas une histoire. Vous devriez entendre votre plat, votre Injun Bill, vous le dire . Il s'est installé et a craché dehors toute la nuit. — Bill, dit-il en se tournant vers son compagnon, raconte-moi comment se forment les montagnes.

"Oh, je ne peux pas raconter cette histoire ", a déclaré Injun Bill, marquant nerveusement le sol avec un éclat. « Si je pouvais leur dire comme mon père, que ce soit comme Sumpin . Moi et ma maman venons de Norf Ca'liny . Mon père était Injun, si tu pouvais l'entendre raconter des histoires, il te ferait ouvrir les yeux.

« Comment ont été faites les montagnes, Bill ? » » demanda Mink après une pause.

«J'aimerais pouvoir le dire comme mon père», a déclaré Bill. "Il était Cher'kee Injun, et il sait tout à ce sujet, alors il dit que les Indiens étaient ici depuis longtemps pour les Blancs , encore moins les nègres.

"Eh bien, une fois dey c'était une très grosse inondation. Frappez la pluie si fort et il pleut si longtemps qu'il est juste de kivver de face er de yeth . Ils avaient beaucoup plus d' eau que ce qu'ils sont dans nos crues crues, et cela s'est tellement passé pendant que les gens devaient trouver un endroit où Dey kin reste, Kaze ef Ils ne sont pas tous noyés , eux et les Cree -turs aussi.

«Eh bien, un jour, le grand Indien les a tous appelés et leur a dit qu'ils devaient bouger . Alors ils rentrent le cloze, les casseroles, les poêles et le suivant longtemps après le grand Indien, et les creeters . ils viennent aussi longtemps. Ils marchent et marchent , et bimeby arrivent là où dey il y avait un gros trou dans le sol . Ils marchent et les grands Indiens restent behine fer boucher le trou pour que l'eau ne puisse pas s'infiltrer. ' Je veux longtemps ' pour qu'ils sachent qu'ils Ils étaient au milieu du monde , au plus profond du sol , et ils avaient beaucoup de place. Ils ont construit les feux et cuisent les aliments des mêmes ez ef ils avaient été au sommet du terrain .

« Ils sont restés à Dar , je ne sais pas combien de temps, et ils étaient fatigués de rester à Dar , et ils voulaient sortir . Certains sont partis à la chasse au trou du quai Ils arrivent, mais ils ne peuvent pas régler le problème, et ils disent qu'ils embrayé dey je ne rigole jamais puis je m'en vais. Mais les grands Indiens disent qu'ils ont beaucoup de temps, Kaze Pour qu'ils sortent , ils doivent savoir si la pluie s'est arrêtée. Il dit ef de smoke kin git out dey kin git out. Den dey hache, je suis comme ça, il se débrouille bien à cause de la pluie, et il dit qu'il se débrouille Sen 'certains er de creeturs fer fine de trou d' où sort la fumée, et' voir 'à propos de la pluie.

« Le grand Indien, il est parti chez lui pour étudier et étudier comment il fait le trou par où la fumée s'échappe . Il a envoyé le chien – le chien ne peut pas lui infliger une amende. Il a envoyé le coon – le coon ne peut pas lui donner d'amende. Il a envoyé le lapin – le lapin ne peut pas lui infliger une amende. Ensuite, il est parti tout seul pour "étudier quelques mois ", et à ce moment -là , le Buzzud est arrivé et il a éliminé le grand Indien, ce qui lui a donné l'air si solitaire.

"De buzzud ax de big Injun what make him look so lonesome."

"Den de big Injun parle de Buzzud à propos de moi J'essaye de faire un bon trou où la fumée est allée fructifier . De Buzzud , il l' a dit et ses vieux parents d'Oman , ça va, et den de big Injun tuck et l'a renvoyé.

« Ils se sont levés, les buzzuds l'ont fait, et ont volé dans le sens où la fumée s'est envolée. Ils se sont envolés et ils s'est envolé vers le bas, et ils j'ai volé tous les " tours " et " tours " , mais ils il n'y a pas de graine, pas de trou par où s'échappe la fumée . Ensuite , ils reviennent, et cela fait que le grand Injun se sente plus « seul » qu'avant . Il a étudié et il a étudié, un bimeby il l'a envoyé à nouveau , et il a dû aller haut ez Ils sont parents et espionnent le trou.

"Alors ils du riz et je me suis envolé à nouveau , et c'était le moment a volé juste à côté du sommet et du yeth , en haut et en bas et en tournant et en tournant . Il pleut si longtemps que la croûte est là ils ont fait du fruit de prune mouillé , et c'était sûr , et quand ils ont frappé à nouveau , ils ont fait l'impression là où ils arrivent par avion. Bimeby, le vieil homme Buzzud , il s'est mis en colère, et il a navigué pendant douze tours , il a pris un bon départ, et puis il a labouré à droite longtemps sur le toit. De ol"oman _ _ buzzud , elle a fait de même, et bimeby ils ont trouvé le trou d' où la fumée s'est éteinte. Ils ont jeté un coup d'œil dehors, ils l' ont fait, et ils ont vu que la pluie s'était arrêtée, mais il faisait monstrueusement humide dehors.

"Ils sont revenus et les grands Indiens se sentent vraiment bien, Kaze. ils ont bien fait le trou. Après si longtemps, il a donné un mot, et ils sont tous sortis de l'intérieur et sont retournés là- bas . où dey utilisateur en direct. Cela a duré très longtemps pour que cet endroit soit beau, quand ils s'éloignaient du niveau où ils revenaient , mais quand ils revenaient, ils heurtaient des collines plus pleines et des montagnes qui ressemblaient à de grosses bosses et à de longues crêtes. Dey hache dey voyez comment cela se fait, et ils étudient et étudient. Bimeby de Buzzud , il a dit que dem wuz de print il est parti quand lui et son vieux Oman wuz a- flyin ' roun ' tryin ' fer fine de trou d'où la fumée s'est éteinte. Le sol était sûr , et chaque fois que les buzzuds volaient dessus , ils formaient des collines et des montagnes. C'est ce que mon père a dit », a déclaré Injun Bill d'un ton décisif. " C'était un Indien, et il devrait le savoir si quelqu'un le sait."

"Qu'est-ce que je t'avais dit?" s'écria M. Wimberly, qui, jusqu'alors, n'avait rien dit. "Mélanger les Indiens avec les nègres et ils n'ont pas de genre de rigamarole, ils ne vont pas se démerder."

Cependant, ils convinrent tous que l'histoire d'Injun Bill était amusante, et après un moment, Mink dit :

"Je vois Marse John Dar ça devrait correspondre à cette histoire ef il wuz J'essaierai très fort.

M. Pruitt a retourné sa poche pour obtenir des miettes de tabac pour sa pipe.

" Mon pote, " remarqua-t-il en se tournant vers Joe Maxwell, " as-tu déjà entendu dire comment le renard attrape les puces de son cavalier ? "

Joe n'en avait jamais entendu parler.

« Weil, » dit M. Pruitt, « c'est à ceci. Quand le renard, spécialement si c'est un de ces gros rouges ici, des connards pleins de puces, qu'ils saignent Par temps chaud, il sort et va dire qu'il trouve un troupeau de moutons. Puis il court parmi eux , et court à côté et on lui dit qu'il a une chance de retirer un moufle ou de la laine. Puis il fait une pause près du ruisseau, lui trouve un trou d'eau et y entre.

« Il ne se lance pas , pourrait -on dire, dans l' eau . Il s'y lance en plaisantant, petit à petit. Il s'enfonce d'abord jusqu'aux genoux , puis il s'enfonce de plus en plus profondément. Mais il n'est pas pressé. Lorsque l'eau frappe les puces, elles commencent finalement à atteindre la ligne des hautes eaux. Le renard les sent ramper, puis il s'enfonce un peu plus profondément. Quand ils rampent haut sur son dos, il s'enfonce plus profondément , puis ils rampent jusqu'à sa tête . Il s'enfonce un peu plus, et ils rampent sur son nez. Puis il s'enfonce plus profondément, disant qu'ils ne l'ont pas fait rien hors de l'eau à part le pinte avec son nez.

tout ce temps , il a ce gros morceau de laine dans son mouf , et quand les puces ne sont pas allées ailleurs , elles s'en occupent. Puis, quand les puces sont toutes dans la laine, le renard la laisse tomber dans l'eau, sort, se secoue et s'en va au trot pour faire quelque autre diable.

"C'est sûr que c'est un moyen de se débarrasser des puces rouges", s'est exclamé Mink en riant de bon cœur. Puis il se tourna vers Injun Bill.

« Bill, quelle histoire t'ai - je entendu raconter à propos du vieux Brer Rabbit et du pardessus ? Ce n'est pas une histoire de nègres.

"Non!" dit Injun Bill avec mépris. « Ce n'est pas une histoire de nègres. Mon père dit cette histoire, et il ne veut pas de nègre. J'aimerais pouvoir le dire comme je le dis près de lui.

"Comment c'était?" » a demandé M. Wimberly.

"Eh bien," dit Injun Bill, levant les yeux au ciel vers les chevrons, " ça a couru dans ce sens, presque je me souviens : le moment était où M. Beaver était le patron, c'était tous les créateurs. Il n'est pas le plus grand ni le plus fort, mais il est très intelligent. Les beaux vêtements font les gens bien à notre époque, et c'est ce que M. Beaver avait. Tout le monde le connaît à son beau pardessus. Il a l'air élégant toute la semaine, et il est vraiment perlite - il n'a jamais changé ses manières. M. Lapin voit tout cela et ça me rend jaloux . Il se demande comment se fait-il que M. Castor soit un grand homme, et il étudie comment il peut se faire une population avec d' autres créatures.

« Une fois ils l'ont tous inventé dey wuz vin Je vais avoir une grande réunion , et alors ils vont arranger ça . La parole a circulé et toutes les créatures se sont préparées à venir. M. Beaver , il vit dans les montagnes, et il y a beaucoup de temps à faire une journée de voyage dans sa maison , là où les créateurs brillent. ter hoi' der big meetingin '. Mais il était saigner ter be dar , kaze he de head man. Ole M. Rabbit 'low ter hein ça Il fallait que ce soit fait, et ça très vite, et alors il est parti pour la maison de M. Beaver. M. Rabbit sho est un déménageur rapide, mon gars , et il est arrivé en un rien de temps. Il dit Ils ont tous tellement peur que M. Beaver ne le soit pas. je viens après une réunion _ _ dey sont ' je suis en train de ' je suis , et il a aidé M. Beaver à emballer son sac de kyarpet , et il est reparti avec ' je suis pour la compagnie .

"M. Le castor ne peut pas rester longtemps, ez peart ez M. Rabbit, parce qu'il est si gros et trapu, mais il ne perd pas de temps ; il garde le gwine fum le lever du soleil et le coucher du soleil. Des ' fo ' sombres viennent ter où dey C'était une rivière, et « M. Lapin », il ferait mieux de camper sur la rive, et il commencerait bientôt le matin . Alors ils ont préparé un feu , et ont cuisiné le souper, et à peu près le moment où ils wuz je suis prêt à aller au lit, M. Lapin est bas :

"'Brer Beaver, j'avais très peur que nous fassions du vin J'ai des ennuis cette nuit-là ! M. Beaver dit : « Comment se fait-il, frère Lapin ?

"M. Rabbit 'low : 'Le pays dans lequel nous vivons s'appelle Rainin ' Hot Embers, et 'je n'aime aucun de ces noms.' C'est pour cette raison que je veux m'arrêter près de l'eau.

"M. Hache de castor, "Quel nom de Dieu que nous faisons , Brer Rabbit?"

"M. Le trieur de lapins se gratte la tête et dit : « Oh, nous devons le supporter , et nous sommes parents ». Ensuite , il étudie, et 'bas: 'Je pense que tu ferais mieux d'enlever ce beau pardessus, tu es à toi , Brer Beaver, et' de l'accrocher dans l' arbre , kaze Si les gens viennent à eux, vous voulez juste les sauver .

« Ensuite, M. Beaver enlève son pardessus et l'accroche dans l'arbre, et plus tard, ils se couchent pour faire une sieste. M. Lapin, il est resté éveillé, mais il n'a pas fallu longtemps pour que M. Beaver ait fini de s'endormir et de ronfler tout de suite. Il ronfle si fort que M. Lapin rit sifflement , et 'bas : 'Hé ! Ole Brer Beaver pompe le tonnerre pour un mariage sec , mais on rigole Je vais avoir de la pluie, et ce sera une pluie très chaude, mon gars.

« Den M. Rabbit lève son coude et regarde M. Beaver. Il a l'air « endormi », et « il continue de ronfler ». M. Lapin s'est levé facilement, a glissé et s'est mis dans un très gros morceau et a aboyé, puis il a glissé en arrière et a couru le morceau et a aboyé sur des braises chaudes comme si c'était un pelle. Il l'a jeté en l'air, il l'a fait, et a crié :

« Cours fer de l'eau, Brer Beaver ! cours au fer de l'eau ! Il pleut des braises chaudes ! Courez, frère Castor ! courir!'

« Des braises brûlantes se sont répandues sur M. Beaver, et il s'est battu puissamment. Au moment où M. Lapin a crié, il a jeté une douche et des braises sur lui , et M. Beaver a tiré un fort grain et s'est jeté dans l'eau la tête par-dessus les talons. M. Rabbit attrape le beau pardessus et dévale la banque douze fois qu'il vient . où dey c'était un canoë, et il est monté dedans et est allé traverser, puis il est sorti où les créateurs gwine ter hol'der big meetingin '. Et pour qu'il l'ait eu , il a enfilé le pardessus, et il ne le fera pas trop tôt, nudder , parce que quelqu'un que j'avais fait est devenu si impatient d' attendre plus longtemps pour M. Beaver que ça Ils ont pris la route un peu pour le rencontrer .

"Le pardessus était beaucoup trop grand pour M. Lapin, mais il y a longtemps que les créatures avaient pensé à M. Beaver qu'il avait l'air bien pour eux, et ainsi ils galant M. Rabbit ter de meetin '-endroit même comme il était un grand homme ez M. Beaver. Ils me rentrent Dar et 'galant' je suis monté sur la plate-forme, et 'apaisé' je suis descendu dans une grande joie, et 'fait' je suis le patron et je suis de réunion '. M. Rabbit 'gun ter parler et' dites-lui qu'il est très puissant ' blige pour tous ces les favoris , et à ce moment- là , M. Fox est bas :

"'Hé! M. Beaver a perdu sa voix ! »

Brer Rabbit preaches.

"M. Rabbit dit qu'il ne peut pas ne pas parler , et il a continué à parler. Bimeby M. Wolf dit : « Hé ! M. Beaver est malade, parce que son manteau ne lui va pas . M. Rabbit dit qu'il saigne Après avoir mis de l'ordre dans l' assemblée , il continue son discours. ' Je ne veux pas longtemps' pour que M. Fox saute et crie :

"'Hé! M. Beaver a acheté « je suis dans le nouvel an ! »

"M. Le lapin lève un œil et voit ça. bofe euh ses longues années sont sorties fumantes d'un pardessus, et alors il sait qu'il ferait mieux d'être gentil . Il s'est cassé, il l'a fait, et a rebondi sur la plate-forme, et a commencé vers les buissons, mais certains de vos autres créatures se sont dirigés vers eux et se sont cochés , puis ils se sont repliés, j'ai essayé. ' je suis , et je comprends ce qui se passe, je dis qu'il doit avoir une marque sur moi pour qu'il ne puisse pas me tromper . Ensuite , ils ont rentré la pierre de silex pointue et lui ont fendu la lèvre supérieure, et c'est ainsi que les lapins ont eu la lèvre fendue.

« Bouh ! » dit Mink. « Ce lapin indien. Le lapin nègre les tromperait tout de suite, et il ne les tromperait pas, nudder .

« Jim, » dit M. Pruitt à M. Wimberly, « cela vous fatiguerait-il trop de vous précipiter et de nous raconter une histoire ? Nous voulons montrer à ce jeune ici que les gens de la campagne ne le font pas. ez non, comptez , ils ont l'air d' être.

"Jesso!" s'écria M. Wimberly avec beaucoup d'animation. «Je plaisantais en pensant à celui qui m'est venu à l' esprit . Ce n'est pas vraiment une histoire, mais elle m'a peut-être chatouillé quand je l'ai entendue pour la première fois, et je ne l' ai jamais oubliée .

« Eh bien, dit M. Pruitt, finissons - en. Il n'est pas près de se coucher, et si c'est parce que nous n'avons pas de lits pour y aller , c'est-à-dire que nous n'en avons pas pour parler .

» commença M. Wimberly en faisant claquer ses lèvres, « il y avait un homme qui avait cru qu'il avait fait une chose bénie sous le soleil qui aurait été ter larn , et cela pourrait l'inquiéter . Il a eu l'idée de " je serai toujours" partout où il allait. Les gens l'appelaient " Je suis Ole Man Know-all". Il a fouillé dans tous les trous et coins artère Je suppose qu'il ne le savait pas, mais, cherchant où il voulait et quand il le pouvait, il ne pouvait pas le trouver. On aurait dit qu'il savait déjà ce que " wuz an" avait été. Personne ne pouvait me le dire rien qu'il ne savait, et ça me faisait me sentir très seul. Il a étudié et étudié, et finalement il a dit ter hisse'f , sezee , ce que je ne veux pas rien de plus pour moi ter larn , il pourrait bien s'allonger et mourir. Il a dit ter Hisse'f , sezee , c'est peut - être Grand-Sir La Mort pourrait m'apprendre sumpin . Jesso!

«Eh bien, il est rentré chez lui un soir, il a allumé un grand feu, a réparé sa paillasse et s'est allongé. «Je ne verrouillerai pas la porte», sezee ; "Je vais juste le laisser verrouillé pour que Grand-Sir Death puisse entrer, et" peut-être qu'il pourra m'apprendre à sump'n . Jesso!

« Ole Man Know-all gisait sur la palette et attendait. Il somnolait un peu, puis il se réveillait, il se roulait et se balançait presque dans la journée. Il ne veut pas on était facile , pour ainsi dire, mais il était très agité. À'rds Le matin , il a entendu quelqu'un frapper à sa porte—bam-bam ! bam-bam ! Il ne veut pas s'est embêté , mais il est devenu très faible. Sa bouche est devenue sèche et un gros cri est venu dans son estomac. Il dit ter siffle , sezee , " Shorely , c'est Grand-Sir La Mort à la porte. " Puis il s'est cogné la tête et s'est cogné partout. ' Je ne veux pas attendre' que le coup revienne :

« Bim- bim ! bim-bim ! bim !

« Ole Man Know-all pensait que son heure était venue, certaine et sur le rivage, et alors il a crié :

"'Entrez!'

« La porte s'est ouverte, mais c'est juste que c'est Grand-Sir Death, c'était un petit garçon nègre. Ole Man Know-all sez, sezee :

« Qu'est-ce que tu veux cette fois-ci, ce soir ? »

«Le petit garçon nègre dit, dit , 'Maman m'a envoyé après un fou .'

"Le vieil homme qui sait tout m'a dit je viens et je le fais. Le petit nègre est entré et a démarré près de la cheminée.

« Ce ne sont pas des morceaux, dit Ole Man Know-all. «Va chercher une pelle.»

« Je ne veux pas de pelle », dit le petit nègre.

"' Comment tu rigoles tu veux le prendre ? dit Old Man Know-all.

« 'Assez facile', dit le petit nègre.

« Ole Man Know-all s'est retourné et je l'ai « surveillé » . Il est allé dans le ha'ath , a rempli la paume d'une main pleine de cendres mortes, a fait un petit nid au milieu, puis a ramassé un charbon de bois de cette façon.

Accordant l'action à la parole, M. Wimberly ramassa un charbon ardent, le laissa tomber dans la paume de sa main, le fit tournoyer rapidement, puis le transféra soigneusement dans le fourneau de sa pipe, où il resta brillant.

« Le petit nègre a ramassé le charbon de cette façon », a poursuivi M. Wimberly, « et puis il s'est mis en route. Ole Man Know-all m'a crié dessus .

« 'Attendez !' se voir ; 'comment tu rigoles pour allumer un feu avec un seul charbon ?

« 'Assez facile', dit le petit nègre.

bondi et je l'ai suivi , et quand le petit nègre est venu chez sa mère, il a récupéré deux gros éclats de pin, a ramassé le feu de charbon avec eux en plaisantant . S'ils avaient été des pinces, ils l'avaient fait tournoyer une fois, deux fois, autour de sa tête, et c'était là que l'incendie s'était déclaré.

« Eh bien, dit Ole Man Know-all, je suis très heureux que Grandsir Death me donne le feu vert hier soir, parce que je n'ai pas appris . le carter est neuf. Et je pense que si je garde les yeux ouverts, je peux en apprendre beaucoup plus. Jesso !

"J'ai vu des gens qui pensaient tout savoir", a déclaré M. Pruitt, "et il se trouve très naturellement que tout ce qu'ils savent ne ferait pas la doublure d'un nid d'insectes."

Il y eut d'autres discussions auxquelles Joe Maxwell se joignit, ou crut le faire, et alors la cabane et tous ses occupants semblèrent disparaître sous ses yeux. Il lui sembla, comme dans un rêve, entendre M. Pruitt dire qu'il souhaitait au Seigneur que son petit garçon soit aussi sain et aussi bien nourri que le garçon de la ville, et Joe crut entendre le déserteur parler à ses compagnons de la situation désespérée. état dans lequel il trouva sa femme et ses deux petits enfants, qui vivaient dans une maison éloignée de tout habitat. Le garçon, très intéressé par ce récit, ouvrit les yeux pour demander à M. Pruitt quelques détails, et, voilà ! c'était le matin. Le feu était éteint, les déserteurs et les nègres avaient disparu. A l'est, le ciel brillait de la promesse du soleil, les oiseaux chantaient dans les vieux pommiers et les vaches meuglaient. Au loin , Joe pouvait entendre les laboureurs chanter tandis qu'ils se rendaient à leur travail, et, lorsque le son de leur chant se fut calmé, il crut entendre, très faiblement, la voix d'Harbert appelant ses porcs.

Mink avait dit à Joe où il se trouvait et comment rentrer chez lui, et il n'avait aucune difficulté à trouver son chemin.

CHAPITRE XI
LE COMITÉ DE SECOURS

Joe Maxwell était très fatigué le lendemain de son expérience dans la cabane avec les déserteurs et les fugueurs, mais il n'était pas trop fatigué pour accepter avec joie une invitation à visiter Hillsborough avec le rédacteur en chef de The *Countryman* . Depuis des mois, la ville était pratiquement en état de siège. Au fur et à mesure que la guerre progressait, elle était devenue une station hospitalière. L'ancienne salle de tempérance et de nombreux autres bâtiments de la ville avaient été aménagés pour accueillir les malades et les blessés. Il y avait également de nombreux réfugiés à Hillsborough en provenance du Tennessee et du nord de la Géorgie. Alors que la ville était bondée, la variole éclata et, pendant un mois ou plus, les gens de la campagne furent empêchés de s'y rendre. Des gardes étaient placés sur toutes les routes menant à la ville ; mais cela n'était pas nécessaire, car les gens de la campagne n'étaient pas pressés de visiter les lieux lorsqu'ils apprirent la variole. Hillsborough fut placé sous la loi martiale et un grand prévôt fut chargé des affaires. Cela était nécessaire, non seulement pour maîtriser la variole, mais pour maîtriser les soldats en convalescence, parmi lesquels se trouvaient des personnages très rudes.

Joe était resté à l'écart si longtemps que la ville lui semblait nouvelle. La cour de récréation devant la vieille école était pleine de cabanes d'hôpitaux crasseuses ; les magasins avec lesquels il avait été familier avaient été utilisés à des fins nouvelles et étranges ; et il y avait des visages étranges partout. Des escouades de soldats marchaient vivement çà et là ; des hommes avec des béquilles au côté, ou des bandeaux sur la tête, ou les bras en écharpe, prenaient le soleil à chaque coin de rue. Tout était étrange. Même les vieux chinois sous lesquels Joe avait joué des centaines de fois avaient un aspect inconnu. Abasourdi et confus, le garçon s'assit sur l'un des longs bancs placés le long du mur devant certains magasins. Le banc était appuyé contre le mur et une extrémité était occupée par deux hommes qui discutaient sérieusement. Joe leur prêta peu d'attention au début, mais un mot ou deux qu'il entendit le poussa à les observer de plus près. L'un d'eux était M. Deometari , exilé et avocat grec ; l'autre était un homme que Joe ne connaissait pas. Il a remarqué que, même si M. Deometari portait un uniforme délavé et défraîchi, son linge était impeccable. Ses poignets et sa poitrine brillaient au soleil, et la monture d'une lourde bague à son doigt potelé scintillait comme une étoile. « Il m'a oublié », pensa Joe, et il resta là, déterminé à ne pas se faire connaître, même si lui et M. Deometari étaient de grands amis avant que le garçon ne quitte Hillsborough.

« Il y a une autre chose qui me préoccupe », entendit Joe dire M. Deometari à son compagnon. " Pruitt est rentré à la maison. "

"Quel est son problème?" demanda l'autre.

"Déserté!" s'exclama M. Deometari .

« Eh bien, » dit l'autre, « c'est un gros risque à prendre pour un homme adulte. S'il est attrapé, il devra payer l'amende.

"Non!" s'exclama M. Deometari en abaissant son poing sur son large genou. "Il sera arrêté, mais il ne paiera pas la pénalité."

"Pourquoi, qu'est-ce que tu veux dire, Deo?" demanda son compagnon.

"Tu ne le connais pas?" s'exclama M. Deometari . « Il appartient au Comité de Secours !

"Phew!" siffla l'autre en levant ses deux mains en l'air et en les laissant retomber.

"Tu ne le connais pas?" Continua Deometari avec un sérieux croissant. "C'est l'homme qui a tiré sur la loutre."

De nouveau, le compagnon de M. Deometari poussa un long sifflement d'étonnement. "Jack Pruitt?" Il a demandé.

"Le même homme", a déclaré Deometari . « Et savez-vous qui est ce grand prévôt, ce capitaine Johnson ?

Captain Johnson.

« Oh ! oui, » dit l'autre ; "C'est le type qui a volé la dernière poussière de repas que nous avions gardée pour faire de la soupe pour le pauvre Tom Henderson."

"Et que s'est-il passé alors?" » s'enquit M. Deometari , comme s'il cherchait à rafraîchir sa propre mémoire plutôt que celle de son compagnon. « Est-ce que Jack Pruitt ne lui a pas donné un coup de fouet ?

"Eh bien, bénis ma vie!" s'exclama l'autre. « À quoi est-ce que je pense ? Eh bien, bien sûr qu'il l'a fait ! En disant cela, le compagnon de M. Deometari se leva et aperçut Joe Maxwell alors qu'il le faisait. Immédiatement, il posa la main sur l'épaule de M. Deometari et remarqua :

"Il fait beau pour les oiseaux et les garçons."

Joe n'était pas du tout déconcerté. Il n'écoutait pas, même s'il était très intéressé par ce qu'il avait entendu. La meilleure façon d'intéresser un garçon à fond est de le rendre perplexe, et Joe était perplexe.

« J'ai vu M. Pruitt hier soir », remarqua-t-il, puis, alors que son vieil ami se retournait, il dit :

« Comment allez-vous, M. Deo ? Vous ne m'avez pas oublié, n'est-ce pas ?

Joe s'avança et lui tendit la main. Alors que M. Deometari le prenait, le froncement de sourcils disparut de son visage.

"Eh bien, mon cher garçon!" s'exclama-t-il en attirant le garçon vers lui et en lui faisant un énorme câlin, je suis ravi de vous voir ! Je pourrais compter sur mes dix doigts les gens qui restent pour m'appeler Deo. Et si je comptais, mon garçon, tu peux être sûr que je t'appellerais bien avant d'atteindre mon petit doigt. Eh bien, je suis fier de toi, mon garçon ! On me dit que vous écrivez les petits paragraphes du journal attribués au « Diable du compatriote » ? Pas tous! Et bien! c'est un honneur suffisant si vous n'en écrivez que quelques-uns. Je t'oublie vraiment !

M. Deometari était non seulement cordial mais affectueux, et la sincérité qui brillait sur son visage et résonnait dans ses paroles faisait monter les larmes aux yeux de Joe Maxwell.

« Blandford, » dit M. Deometari , « vous devriez connaître ce garçon. Vous ne vous souvenez pas de Joe Maxwell ?

"Pourquoi oui!" dit M. Blandford en montrant ses dents blanches et en fixant ses grands yeux noirs sur Joe. « Il se battait loin de moi, mais je me souviens très bien de lui. Il se tenait au dossier de ma chaise et me donnait de la chance quand je jouais aux dames.

M. Blandford avait beaucoup changé depuis la dernière fois que Joe l'avait vu. Ses cheveux noirs, qui tombaient autrefois sur ses épaules en boucles brillantes, étaient maintenant gris et les boucles étaient rasées. Les épaules qui étaient autrefois droites et robustes étaient légèrement courbées. Du jeune homme gai et galant que Joe Maxwell avait connu sous le nom d'Archie

Blandford, rien ne restait inchangé sauf ses yeux brillants et ses dents blanches. M. Blandford avait, en fait, connu un service acharné. Il avait été désespérément abattu lors d'une des batailles et était resté allongé pendant des mois dans un hôpital de Richmond. Il commençait tout juste, comme il le disait, à sentir à nouveau son avoine.

"Viens!" dit M. Deometari , « nous devons aller dans ma chambre. C'est la même vieille pièce, dans la même vieille taverne », a-t-il remarqué.

Lorsque les deux hommes et Joe Maxwell atteignirent la pièce qui faisait partie de la série ouvrant sur la longue véranda de la vieille taverne, M. Deometari ferma soigneusement la porte, bien que le temps fût assez agréable : c'était le début de l'automne 1864.

« Eh bien, » dit-il en approchant sa chaise devant Joe et en posant ses mains sur ses genoux, « je vous ai entendu prononcer un nom là-bas lorsque vous m'avez parlé pour la première fois. Qu'est-ce que c'était?"

« Pruitt », dit Joe.

"C'est exactement le cas", a déclaré M. Deometari , souriant d'un air satisfait. «John Pruitt. Maintenant, qu'avez-vous dit à propos de John Pruitt ?

« En retard dudit comté, décédé », remarqua sèchement M. Blandford, citant le formulaire d'une annonce légale.

«J'ai dit que je l'avais vu hier soir», a déclaré Joe, puis il a expliqué les circonstances.

"Très bien! et maintenant, qu'est-ce que tu m'as entendu dire à propos de Pruitt ?

"Vous avez dit qu'il serait arrêté et non puni parce qu'il appartenait au Comité de Secours."

"Écoute ça!" s'exclama M. Deometari . « Si quelqu'un d'autre que ces oreilles amicales avait entendu tout cela, nous aurions été inscrits sur la liste noire de Johnson, et peut-être aurions-nous été transférés de la liste noire au poste de garde. Maintenant donc, » continua M. Deometari , « vous ne savez évidemment rien du Comité de Secours, et comme vous vous renseignerez peut-être autour de vous et demanderez ce que John Pruitt, le déserteur, a à voir avec le Comité de Secours. Comité, je vais vous le dire. Mais, mon cher garçon, vous devez vous rappeler de ceci : il n'est pas question de plaisanter ou d'en parler en dehors de cette pièce. Maintenant, n'oubliez pas. Ce n'est pas vraiment un secret ; c'est simplement une affaire qui ne concerne que quelques personnes. Vous souvenez-vous d'avoir lu ou entendu parler de la retraite de Laurel Hill ? demanda M. Deometari en reculant sa chaise et en déroulant le tuyau de sa pipe turque. «C'était au début de la guerre, et cela n'aura jamais une grande importance dans l'histoire, mais certains de ceux qui ont participé à cette retraite ne l'oublieront jamais. Dans la confusion de notre fuite, une petite escouade d'entre nous, appartenant pour la plupart au First Georgia Regiment, fut coupée du corps principal. Lorsque nous nous sommes arrêtés pour nous orienter, nous n'étions pas plus d'une douzaine.

« Dix-sept, en tout, » remarqua M. Blandford.

"Oui", a déclaré M. Deometari , "dix-sept ans. Nous étions pire que perdus. Nous étions dans les montagnes, dans un pays étrange. Derrière nous se trouvait l'ennemi et devant nous se trouvait une forêt de lauriers qui s'étendait à perte de vue. A droite ou à gauche, c'était la même incertitude. Nous n'entendions rien du reste du commandement. Tirer avec une arme à feu, c'était inviter à la capture, et nous n'avions rien d'autre à faire que d'avancer à travers la végétation broussailleuse.

«Le commissaire était en congé», remarqua M. Blandford.

"Oui", a déclaré M. Deometari en riant. « Le commissaire manquait et les rations étaient rares. Certains hommes n'en avaient pas du tout. Certains avaient un peu de difficulté, et d'autres avaient une poignée de repas. Malgré le froid glacial, nous n'avons pas allumé de feu la première nuit, de peur d'attirer l'attention de l'ennemi. Le lendemain et le suivant, nous avons continué à lutter. Nous avons économisé nos rations du mieux que nous pouvions, mais elles ont été épuisées au bout d'un moment, et il ne restait plus qu'un petit repas que John Pruitt réservait pour Tom Henderson, qui était malade et faible à cause de la fièvre. Chaque jour, quand nous nous arrêtions pour respirer un moment, Pruitt préparait à Henderson une petite tasse de bouillie, pendant que le reste d'entre nous mangions du maïs, ou des racines, ou mâchions l'écorce intérieure des arbres . '

"Et personne n'a reproché à Tom sa bouillie", a déclaré M. Blandford, "même si je jurerais que sa vue m'a donné des frissons."

"Oh oui!" s'exclama M. Deometari . « Quelqu'un a reproché à Tom la bouillie. Une nuit, le capitaine Johnson, qui règne actuellement ici, a cru que Pruitt et nous étions endormis, et il a fait un effort pour voler le peu de repas qui restait. Eh bien, Pruitt était très éveillé, et il a attrapé Johnson et lui a infligé une énorme flagellation ; mais le méchant était déjà entré dans la musette, et dans la lutte le repas s'est renversé.

M. Deometari enroula le tuyau de sa pipe autour de son cou et souffla un grand nuage de fumée vers le plafond.

"Mais qu'en est-il du Comité de Secours, M. Deo ?" demanda Joe.

« Eh bien, bien sûr ! Je suis un bon conteur ! » s'exclama M. Deometari .
«J'avais complètement oublié le Comité de Secours. Eh bien, nous avons

avancé, devenant de plus en plus faibles chaque jour, jusqu'à ce que finalement nous arrivions à un ravin.

"C'était une gorge", observa M. Blandford en s'étendant sur le lit de M. Deometari , "et une gorge profonde aussi."

"Oui, une gorge", a déclaré M. Deometari . « Lorsque nous avons atteint cette gorge, nous étions affamés. On ne pouvait voir aucun oiseau, à l'exception des corbeaux et des buses. Les corbeaux auraient sans doute bien mangé, mais ils étaient très timides. Nous avions vécu dans l'espoir de trouver un porc, un mouton ou une vache, mais nous n'avons vu aucun signe d'une créature à quatre pattes. Je ne sais pas comment c'était, mais cette gorge semblait s'étendre sur notre chemin comme le Golfe du Désespoir. Certains hommes tombèrent à terre et déclarèrent qu'ils n'iraient pas plus loin.

Some of the men dropped on the ground and declared that they would go no farther.

« Ils disaient qu'ils n'avaient aucune envie de vivre ; ils étaient aussi faibles et insensés que des enfants. Sur les dix-sept hommes de l'escouade, il n'y en avait que cinq qui avaient le moindre espoir, le moindre courage ou le moindre esprit : Blandford là-bas, Pruitt, Henderson, ce capitaine Johnson et moi-même.

« Vous devriez vous donner la priorité », a déclaré M. Blandford. "Tu étais tout le temps gros comme un cochon et plein de vie comme une sauterelle en juillet."

« Ce ravin ou cette gorge, continua M. Deometari sans prêter attention à l'interruption, fut notre salut. M. Blandford et Pruitt l'ont exploré sur une petite distance, et ils ont trouvé un petit ruisseau d'eau qui coulait au fond. C'était ce qu'on appelle une succursale. À leur retour, il y eut un désaccord considérable entre les hommes. Les pauvres créatures, faibles et irritables par la faim, avaient perdu tout espoir et n'écoutaient aucun argument qui ne convenait à leurs caprices. Il y avait cette question à trancher : devions-nous traverser la gorge et continuer dans la direction que nous suivions, ou devions-nous suivre la gorge ? C'était une question très sérieuse. Nous n'avions pas la moindre idée de l'endroit où nous nous trouvions. Cela faisait huit jours que nous errions dans les montagnes et, si nous voulions en sortir, il fallait nous dépêcher.

« Ensuite, il y a eu une autre question. Si l'on devait suivre la gorge, par quel chemin devrions-nous aller ? Devons-nous suivre le cours de l'eau ou devons-nous suivre le chemin inverse ? Blandford et Pruitt avaient déjà décidé de suivre l'eau courante, et bien sûr, je les accompagnais.

«C'est parce que c'était en bas de la colline », a fait remarquer M. Blandford en riant. "Deo a toujours dit que ses jambes n'étaient jamais faites pour gravir une colline ."

« Nous avons eu une excellente discussion. Mon cher garçon, si tu veux voir à quel point un homme adulte peut être maussade, méchant et idiot, affame-le pendant huit ou neuf jours. Certains voulaient aller dans un sens et d'autres dans un autre, tandis que d'autres voulaient rester où ils étaient. En fait, Blandford et moi avons dû couper des caryers et faire comme si nous allions fouetter les hommes qui voulaient rester là et mourir, et quand nous les avons remis sur pied, nous avons dû les conduire comme un troupeau de moutons, pendant que Pruitt conduisait le chemin.

« L'idée de Pruitt était que l'eau courante menait quelque part. Cela peut paraître très simple à présent, mais dans notre état de faiblesse et de confusion, c'était une chose très heureuse qu'il ait eu l'idée et qu'il s'y soit tenu. Nous apprîmes par la suite que si nous avions continué le chemin que nous avions suivi, ou si nous avions suivi la gorge dans l'autre sens, nous nous serions ensevelis dans un désert de plus de cent milles d'étendue.

« Le lendemain, deux faucons et deux geais furent abattus et, bien qu'ils constituaient de petites rations pour dix-sept hommes, ils étaient néanmoins rafraîchissants et leur simple vue nous fit nous sentir mieux. Les parois de la gorge s'élargissaient et la branche devenait plus large à mesure que nous la suivions. Le troisième jour après que nous ayons changé de cap, Pruitt, qui était en tête, s'arrêta brusquement et leva la main. Certains hommes étaient si faibles qu'ils se balançaient d'un côté à l'autre lorsqu'ils s'arrêtaient. Leur vue était pitoyable. Nous avons vite compris ce qui avait attiré l'attention de Pruitt. Sur les rochers, au-dessus d'un bassin d'eau, une loutre se prélassait au soleil. Il était gros comme du beurre. Nous sommes restés sans voix un moment puis nous sommes tombés au sol. Il n'y avait aucune crainte que la loutre puisse entendre nos voix, car la branche, devenue maintenant un ruisseau, tombait bruyamment dans l'étang. S'il nous avait entendus… s'il avait glissé des rochers et disparu… » M. Deometari s'arrêta et regarda sa pipe.

« Grand Dieu, Deo ! s'exclama M. Blandford en sautant du lit. « Je n'oublierai jamais cela aussi longtemps que je vivrai ! Je n'ai jamais ressenti de tels sentiments auparavant, et je n'en ai jamais ressenti depuis.

« Oui », a poursuivi M. Deometari , « ce fut un moment horrible. Tout le monde savait que nous devions avoir la loutre, mais comment pourrions-nous l'avoir ? Il faut l'abattre, mais qui pourrait lui tirer dessus ? Qui aurait le courage de placer le ballon au bon endroit ? L'homme qui tenait l'arme savait à quel point cela dépendait de lui ; il serait trop excité pour tirer droit. J'ai regardé les hommes et la plupart tremblaient. Ceux qui ne tremblaient pas étaient blancs comme un drap d'excitation. J'ai regardé Pruitt, et il était debout, observant la loutre et sifflant une petite gigue dans sa barbe. Alors je lui ai dit, aussi doucement que possible :

« Prends ton arme, mec, et donne-la-lui. Vous ne pouvez pas manquer. Il est gros comme une porte de grange.

« Pruitt s'est mis à genoux, a remis une nouvelle casquette sur son arme, a libéré sa main de sa manche, a nivelé son arme et a dit : « Priez pour cela, les garçons !

«Puis il a tiré. Il était si faible que l'arme l'a renversé. Quand j'ai regardé la loutre, il me semblait que la créature n'avait jamais bougé, mais bientôt j'ai vu une patte trembler, puis nous nous sommes précipités en avant aussi vite que nous le pouvions, le groupe d'hommes le plus heureux que vous ayez jamais vu sur cette terre. La loutre a reçu une balle dans la tête. Les hommes étaient si voraces qu'ils se comportaient comme des fous. C'était tout ce que Blandford, Pruitt et moi pouvions faire pour les empêcher de tomber sur la loutre avec leurs couteaux et de la manger crue, avec la peau et tout.

« Mais cela nous a sauvés », a poursuivi M. Deometari , « et nous avions quelque chose en réserve. Le lendemain, nous rencontrâmes un fermier chassant ses moutons errants et nous rejoignîmes bientôt l'armée. Quatre d'entre nous ont formé le comité de secours avant de nous séparer. Blandford, Pruitt, Tom Henderson et moi-même – les hommes qui n'avaient jamais perdu espoir – nous nous sommes promis, et nous nous sommes serré la main, que chaque fois que l'un aurait des ennuis, les autres l'aideraient sans poser de questions.

"Maintenant, il n'est pas nécessaire de poser des questions sur Pruitt. Il a déserté parce que sa famille mourait de faim."

"Oui", a déclaré M. Blandford, rapprochant ses lourdes mâchoires d'un claquement, "et je crois dans mon âme que Johnson leur a caché la nourriture et les vêtements!"

«Je sais que oui», a déclaré calmement M. Deometari . « Tom Henderson est l'un des employés de Johnson et c'est lui qui dirige les choses. Il doit nous rencontrer ce soir, et alors vous verrez un homme qui est complètement fou depuis trois mois . — Maintenant, mon garçon, continua M. Deometari , oubliez tout cela. Vous êtes trop jeune pour vous inquiéter de telles choses. Nous regardons simplement comment le capitaine Johnson propose de payer le montant qu'il doit à Pruitt. Si vous avez la chance de voir John, dites-lui simplement que le Comité de Secours a pris en charge Hillsborough pour quelques semaines. Autre chose, dit M. Deometari en posant gentiment sa main sur l'épaule du garçon, si tu dois être envoyé un jour ou une nuit, laisse tout simplement tomber et viens avec le messager. Un type brillant comme toi n'est jamais trop petit pour faire le bien.

Les deux hommes serraient la main de Joe, et M. Blandford ôta gravement son chapeau en disant au revoir au garçon.

CHAPITRE XII
UNE CHASSE AU RENARD EN GÉORGIE

Pendant quelques jours, Joe Maxwell a complètement oublié M. Deometari , M. Blandford et M. Pruitt. Il y avait une compagnie distinguée en visite chez le rédacteur en chef de The Countryman – une jeune dame de Virginie, Miss Nellie Carter, et sa mère, ainsi que quelques jeunes officiers en permission chez eux. Un de ces jeunes officiers, parent du rédacteur, amena sa meute de chiens de chasse, et des dispositions furent prises pour une grande chasse au renard. La plantation semblait s'éveiller pour plaire aux visiteurs. Les nègres de la maison enfilaient leurs vêtements du dimanche et se précipitaient à leurs devoirs, comme pour se montrer sous leur meilleur jour.

Joe fut très heureux lorsque le rédacteur lui dit qu'il devait accompagner les chasseurs de renards et agir comme maître de cérémonie. La chasse au renard était un sport qu'il appréciait beaucoup, car elle semblait combiner tous les éléments de santé et de plaisir de la vie en plein air. Peu de temps après que Joe se soit rendu à la plantation, le rédacteur en chef de *The Countryman* avait ramené de Hillsborough un chiot courant, qui lui avait été envoyé par un certain M. Birdsong. Ce M. Birdsong était un célèbre éleveur de chiens de chasse, possédant autrefois la seule meute au sud de la Virginie capable d'attraper un renard roux. Il était un grand admirateur du rédacteur en chef de *The Countryman* et il lui a envoyé le chien en cadeau. Dans sa lettre, M. Birdsong écrivait que le chiot avait été élevé sous une courge et que l'éditeur l'appelait donc Jonah. Joe Maxwell pensait que le nom était très bon, mais il s'est avéré que le chien était bien meilleur que son nom. L'éditeur a donné le chien à Joe, qui a pris grand soin de le dresser. Avant l'âge de six mois, Jonas avait appris à tracer une peau de renard, et à l'âge d'un an, il ne se passait presque pas une matinée sans que Joe ne traîne la peau pour le plaisir de voir Jonas la suivre. Il développa une grande vitesse et des pouvoirs olfactifs, et il n'avait pas plus de deux ans lorsqu'il courut et attrapa un renard roux, sans aide et seul. Naturellement, Joe était très fier de Jonah et il était heureux d'avoir l'occasion de montrer les qualités de chasseur du chien.

En entraînant Jonah, Joe avait également involontairement dressé un vieux renard qui avait élu domicile dans la plantation. Le renard est devenu bien connu de tous les chasseurs du comté. Il était vieux, dur et sournois. Il avait été si souvent poursuivi que s'il entendait un chien aboyer tôt le matin ou un coup de klaxon, il se levait et s'éloignait. Les nègres l'appelaient « Old Sandy », et c'est sous ce nom qu'on l'a connu. Jonah, lorsqu'il était un chiot, avait suivi le vieux Sandy à maintes reprises, et Joe connaissait tous ses tours et ses détours. Il décida qu'il serait bien de donner un peu d'exercice à la meute du jeune officier avec ce vieux renard rusé.

Toutes les dispositions pour la chasse ont été prises par l'éditeur. Joe Maxwell devait escorter Miss Nellie Carter, qui, bien que Virginienne et bonne cavalière, n'avait jamais traversé le pays à cheval après un renard. Le garçon devait faire en sorte que Miss Carter assiste à la chasse au moins autant que les jeunes hommes qui suivaient les chiens, tandis qu'Harbert devait l'accompagner pour abattre et installer les clôtures. Pour Joe, il s'agissait là d'un aspect nouveau et comique de la chasse au renard, mais le rédacteur en chef a déclaré que cela serait plus sûr pour Miss Carter.

Lorsque le matin de la chasse arriva, Joe était prêt devant tous les invités, comme il avait prévu de l'être. Il voulait s'occuper de tout, au grand amusement d'Harbert. Comme tous les garçons, il était excité et enthousiaste, et il avait très hâte de voir la chasse se dérouler avec succès. Finalement, quand tous eurent bu une tasse de café, ils montèrent à cheval et furent prêts à partir.

"Maintenant," dit Joe, se sentant un peu gêné et embarrassé, car il savait que Miss Nellie Carter regardait et écoutait, "il ne faut pas sonner du klaxon avant la fin de la chasse. Bien sûr, vous pouvez souffler si vous le souhaitez, poursuivit Joe, croyant avoir entendu l'un des jeunes hommes rire, mais nous n'aurons pas une grande chasse. Nous allons chercher Old Sandy ce matin, et il n'aime pas du tout entendre un klaxon. Si nous pouvons empêcher les chiens d'aboyer jusqu'à ce que nous arrivions sur le terrain, tant mieux.

"Vous devez faire attention", dit Miss Carter, alors que certains jeunes hommes commençaient à faire des suggestions sarcastiques. "Je veux assister à une véritable chasse au renard, et je suis sûr qu'il vaudra mieux suivre les conseils de M. Maxwell."

Joe rougit à cause de son nom prononcé si doucement, mais dans la pénombre du matin, son embarras ne pouvait être vu.

« Vos chiens sont-ils tous là, monsieur ? demanda-t-il au jeune homme qui avait amené ses chiens. "J'en ai compté sept, et le mien fait huit."

« Est-ce que votre chien-lapin ? » demanda le jeune homme.

"Oh, il est très bon pour les lapins", répondit Joe, irrité par la question.

"Alors ne ferions-nous pas mieux de le quitter?" » demanda le jeune homme, sans méchanceté : « Il pourrait nous causer bien des ennuis. »

"Je vais en répondre", a déclaré Joe. "Si tout le monde est prêt, nous y allons."

"Vous devez être mon escorte, M. Maxwell", dit Miss Carter en prenant place aux côtés de Joe, "et je sais que je prendrai bien soin de moi."

La cavalcade s'éloigna et suivit pendant un kilomètre la voie publique. Puis il se transforma en une ruelle, puis en un chemin de plantation qui menait à ce qu'on appelait le « vieux champ Turner », où pendant trois ou quatre ans, et peut-être plus, le vieux Sandy avait établi son quartier général. Au moment où les chasseurs atteignirent le champ, qui s'étendait sur un mile de superficie et était constitué de pâturages envahis de carex à genêts, de pruniers sauvages et de mûres, l'aube avait disparu devant le soleil. Des nuages rouges et jaunes se mêlaient à l' est et une lueur rose tombait sur les collines et les bois. Alors qu'ils s'arrêtaient pour qu'Harbert démonte la clôture, Joe jeta un coup d'œil à sa compagne, et alors qu'elle était assise, les lèvres entrouvertes et le léger reflet du ciel rose sur ses joues, il pensa qu'il n'avait jamais vu une photo plus jolie. Jonas semblait être du même avis, car il se tenait près du cheval de la jeune femme, la regardant en face et sifflait avec nostalgie par le nez.

"C'est ton chien, je sais!" » dit Miss Carter. « Eh bien, c'est une beauté parfaite ! Pauvre gars!" s'exclama-t-elle en étendant son bras et en remplissant ses doigts. Jonas se ressaisit, sauta légèrement en l'air et toucha sa belle main avec sa langue de velours. Joe rougit de plaisir. "Eh bien, il a sauté jusqu'à la tête d'un homme!" elle a pleuré. "Je sais qu'il attrapera le renard."

« Je pense que nous avons volé une marche sur Old Sandy », a déclaré Joe, « et si nous l'avons fait, vous assisterez à une belle course. J'espère que les autres chiens pourront suivre.

"Ah", a déclaré leur propriétaire, "ce sont des chiens du Maryland."

"Mon chien", dit fièrement Joe, "est un chant d'oiseau."

A ce moment-là, les chasseurs avaient franchi la clôture et les chiens, à l'exception de Jonas, commençaient à se promener dans les bosquets de genêts et de bruyères.

"J'espère que Jonah n'est pas paresseux", a déclaré Miss Carter, observant le chien alors qu'il marchait dans une dignité tranquille à côté de son cheval.

« Oh non, dit Joe, il n'est pas paresseux ; mais il ne se presse jamais jusqu'au moment venu.

Les jeunes hommes essayèrent de taquiner Joe à propos de Jonas, mais le garçon se contenta de sourire et Jonas s'éloigna peu à peu des chevaux. On a remarqué qu'il ne chassait pas aussi près que les autres chiens et qu'il ne fouillait pas le sol avec autant de soin. Il balayait le terrain en cercles toujours plus larges, allant au galop facile, c'était la perfection de la grâce, de l'énergie et de la force. Harbert s'écria alors :

« Regarde là-bas, Marse Joe ! Regardez Jonas là-bas !

Tous les yeux étaient tournés dans la direction indiquée par Harbert. Le chien chassait là où le carex brun était plus haut que sa tête, et il avait visiblement découvert quelque chose, car il sautait en l'air, regardait autour de lui et retombait dans le carex, pour ensuite faire le même spectacle avec une énergie croissante.

"Pourquoi ne pousse-t-il pas un cri ou deux et n'appelle-t-il pas les autres chiens pour l'aider ?" s'exclama l'un des jeunes hommes.

« Ce n'est pas un bavard, » dit Joe, « et il n'a besoin d'aucune aide. Soit ce renard vient de se lever, soit il n'est pas à vingt mètres. Attends!"

L'instant d'après, Jonas a prononcé une langue avec une énergie palpitante, a répété le défi deux fois et s'est envolé, franchissant la clôture comme un oiseau. L'effet sur les autres chiens était magique ; ils se précipitèrent au cri, rattrapèrent la traînée brûlante, franchirent la clôture du mieux qu'ils purent et s'en allèrent, suivis par les acclamations d'Harbert qui secouaient la rosée des feuilles. Les jeunes gens étaient partis aussi, et Joe faisait tout ce qu'il pouvait pour retenir son cheval, qui avait l'habitude de courir avec les chiens. Le bruit de la chasse s'est atténué à mesure que les chiens couraient à travers une étendue de prairie et une lisière de bois jusqu'à la campagne au-delà ; et Joe et Miss Carter, accompagnés de Harbert, se dirigèrent tranquillement vers le sommet d'une colline voisine .

"Si c'est Old Sandy", dit Joe, "il traversera le champ des Bermudes là-bas, tournera à gauche et nous dépassera pas très loin de ce pin mort ." Joe était très fier de ses connaissances.

"Eh bien, nous verrons le meilleur de la chasse!" s'écria Miss Carter avec enthousiasme.

Ils montèrent sur leurs chevaux et écoutèrent. Parfois, les chiens semblaient se rapprocher, puis ils s'éloignaient. Finalement, leurs voix musicales se fondirent au loin. Joe gardait les yeux fixés sur le terrain des Bermudes, tout comme Harbert, tandis que Miss Carter tapotait doucement la crinière de son cheval avec sa cravache et semblait apprécier la scène. Ils attendirent longtemps, et Joe commençait à se décourager, quand Harbert s'écria soudain :

« Regarde là-bas, Marse Joe ! qu'est-ce que c'est gwine 'cross de Bermuda pastur ' ?

Une ombre fauve glissait sur le sommet de la colline, glissait et disparaissait avant que Miss Carter puisse la voir.

« C'est le vieux Sandy », s'écria Joe ; "Maintenant, surveille Jonas!"

Bientôt, on entendit à nouveau les chiens, se rapprochant de plus en plus. Puis une ombre plus grande et plus sombre surgit du bois et balaya le pâturage, se déplaçant rapidement et pourtant avec la régularité d'une machinerie. A de courts intervalles, une petite bouffée de vapeur s'élevait de cette ombre noire, et alors la voix claire de Jonas résonnait dans la vallée. Puis le reste des chiens, un groupe d'ombres, aux voix musicales, ont balayé le champ des Bermudes.

"Oh, comme c'est beau!" s'exclama Miss Carter en frappant dans ses petites mains.

«Attendez», dit Joe; « ne fais pas de bruit. Il passera par ici et ira à la clôture là-bas, et s'il n'est pas mort de peur , vous verrez un joli truc.

C'était un large cercle que le renard avait fait après avoir traversé le champ des Bermudes. Il traversa le petit ruisseau qui traversait la vallée, longea un bosquet de pins, courut pendant un quart de mile le long d'un chemin de plantation, puis fit demi-tour et descendit le terrain en friche qui s'étendait entre le ruisseau et la colline où Joe et Miss Carter , avec Harbert, avaient pris position. C'était un tronçon relativement plat de près d'un demi-mile. Les vieux rangs de maïs couraient le long du champ, et l'un de ces vieux Sandy arrivait à la vue de ceux qui attendaient de le voir passer. Il courait vite, mais pas à pleine vitesse, et, même si sa langue pendait, il n'était pas affligé. Parvenu à la clôture à deux cents mètres des spectateurs, il grimpa légèrement jusqu'au sommet, s'assit sur une rampe et commença à se lécher les pattes avant, s'arrêtant de temps en temps, une patte suspendue en l'air, pour écouter les chiens. Quelques instants plus tard, Jonas entra dans le champ au fond de la vallée. Le vieux Sandy, s'équilibrant soigneusement sur le rail supérieur de la clôture, parcourut une centaine de mètres ou plus, puis se ressaisit, sauta dans les airs et tomba dans le balai à une vingtaine de pieds de la clôture.

"Oh, j'espère que les chiens ne l'attraperont pas !" s'exclama Miss Carter. "Il mérite sûrement de s'échapper!"

"Il avait le bon sens comme les gens", a déclaré Harbert.

« Il est resté trop longtemps sur la clôture. Regardez Jonas ! s'écria Joe.

Le chien est descendu sur le terrain comme un tourbillon. Il courait à au moins trente mètres à gauche du sillon suivi par le renard.

"Eh bien, il ne suit pas la trace du renard", s'est exclamée Miss Carter. "Je pensais que les chiens suivaient les renards par leur odeur."

"Ils le font", a déclaré Joe, "mais Jonah n'a pas besoin de le suivre comme le font les autres chiens. Le chien qui court le nez au sol ne pourra jamais attraper un renard roux.

"N'est-il pas beau !" s'écria la jeune femme tandis que Jonas se précipitait, la tête haute et sa voix sonore faisant de la musique dans l'air. Il franchit la clôture à une certaine distance au-dessus du point où le renard l'avait laissée, perdit la trace et fit un grand cercle vers la droite, augmentant ainsi sa vitesse. Toujours en faute, il fit un grand tour vers la gauche, ramassa la traînée à un quart de mille de la clôture et poursuivit sa route avec plus d'ardeur que jamais. Le reste des chiens avait dépassé la piste à l'endroit où le renard s'était retourné pour entrer dans le champ, mais ils l'ont finalement retrouvé et ont dépassé les spectateurs avec beaucoup de style, en courant ensemble très joliment. A la clôture, ils perdirent la trace et pendant quelques minutes ils tournèrent en rond. L'un des plus jeunes chiens voulait prendre le chemin de retour, mais Harbert l'a fait faire demi-tour et était sur le point de remettre la meute en ordre, lorsque la voix de Jonas se fit à nouveau entendre, claire et retentissante. Le vieux Sandy, se trouvant durement bousculé, s'était laissé tomber dans l'herbe et s'était laissé renverser par le chien. Puis il a doublé et est reparti. Il n'a gagné que peu, mais il était toujours en jeu. Jonas fit un court cercle et se lança presque instantanément à la poursuite du renard. Le vieux Sandy semblait savoir que c'était sa dernière opportunité. Avec un élan de vitesse merveilleux , il s'enfonça parmi les chiens en retard qui cherchaient la traînée perdue, se glissa à travers la clôture et revint devant les spectateurs comme un éclair. Il y eut une formidable explosion de musique de la part des chiens lorsqu'ils l'aperçurent, et pendant un bref instant, Joe eut peur que Jonas soit jeté dehors. L'instant d'après, le chien apparut sur la clôture, et là il aperçut le renard. C'est alors que le courage et la rapidité de Jonas se manifestèrent. Rien n'aurait pu résister à lui. À moins de cent mètres, il rencontra le renard. Réalisant son sort, le vieux Sandy sauta en l'air avec un grain, et l'instant suivant, les puissantes mâchoires de Jonas s'étaient refermées sur lui.

Old Sandy leaped into the air.

À ce moment-là, le reste des chasseurs était en vue. De loin, ils ont été témoins de la capture. Ils virent la précipitation de Jonas ; ils virent Miss Carter et Joe Maxwell galoper en avant ; ils virent le garçon sauter de son cheval et se pencher sur le renard, autour duquel les chiens sautaient et hurlaient ; on le vit se lever, le chapeau à la main, et présenter quelque chose à sa belle compagne ; et alors ils savaient que la jeune femme rentrerait chez elle avec la brosse du vieux Sandy suspendue à sa selle.

Ces chasseurs sont arrivés au bout d'un moment. Leurs chevaux étaient blasés et les cavaliers eux-mêmes semblaient mécontents.

« Avez-vous remarqué lequel de mes chiens a attrapé le renard ? demanda le jeune homme à qui appartenait la meute.

"Non, monsieur, je ne l'ai pas fait", a déclaré Joe.

"Je déclare que c'est trop drôle !" s'exclama Miss Carter en riant joyeusement, puis elle continua à décrire la poursuite telle qu'elle la voyait. Le jeune homme sourit comme s'il pensait que c'était une blague, et cette nuit-là, il appela Harbert et lui offrit un dollar en argent confédéré s'il disait la vérité sur l'affaire. Harbert lui dit la vérité, mais c'était si désagréable que le jeune homme oublia tout l'argent, même si à l'époque un dollar ne valait pas plus de douze cents et demi.

Miss Carter semblait être presque aussi fière de la performance de Jonah que Joe, ce qui rendait le garçon très fier et heureux. Mais alors qu'ils rentraient chez eux, il se produisit un incident qui, pendant quelques jours, chassa de son esprit toute idée de Jonas et de la chasse au renard. Les chasseurs reprirent le chemin par lequel ils étaient venus et, peu après être entrés sur la voie publique , ils rencontrèrent un petit cortège qui s'avéra très intéressant, surtout pour Joe. Premièrement, il y avait un chariot à ressort, tiré par un cheval et conduit par un nègre. Sur le siège avec le nègre, et solidement attaché avec des cordes, se trouvait M. John Pruitt, le déserteur. Derrière le nègre et M. Pruitt se trouvaient deux soldats armés de fusils, et trois soldats montés sur des chevaux et armés servaient d'escorte. Les jeunes officiers qui chassaient avec Joe Maxwell arrêtèrent le chariot et se renseignèrent jusqu'à ce qu'ils aient satisfait leur curiosité. Joe aurait parlé à M. Pruitt, mais celui-ci, par un mouvement de tête presque imperceptible, parut l'interdire. Son visage était aussi serein que s'il avait assisté à un défilé vestimentaire. Alors que le chariot était sur le point de repartir, il parla :

" N'est- ce pas le jeune type qui travaille à l' imprimerie près de l'école de Phoenix ?" » demanda-t-il en hochant la tête vers Joe, sans le regarder.

"Oui", a déclaré l'un des jeunes officiers.

"Eh bien, monsieur," dit M. Pruitt en prenant une longue inspiration, "j'aimerais que vous lui disiez d'être si gentil et de faire savoir à ma femme dans la colonie de Yarberry que je n'aurai pas l'occasion de le faire." Rentre à la maison dans une semaine ou plus, et elle fera de son mieux et elle me dira de revenir.

Joe a dit qu'il serait heureux de le faire.

«Je l'aurais souhaité », dit M. Pruitt, parlant toujours au jeune officier; "et je suis très erbliged ."

Puis le petit cortège se dirigea vers Hillsborough et les chasseurs rentrèrent chez eux. Miss Nellie Carter était très intéressée.

« Il n'a pas du tout l'air d'un déserteur, dit-elle impulsivement, et je suis sûre qu'il y a une erreur. Je ne crois pas qu'un déserteur puisse garder la tête haute.

Joe a alors eu l'audace de lui dire ce qu'il avait entendu : que M. Pruitt et plusieurs autres soldats étaient rentrés à la maison parce qu'ils avaient entendu dire que leurs familles manquaient de nourriture. Miss Carter était très intéressée et voulait accompagner le garçon rendre visite à Mme Pruitt.

« Mais je ne peux pas y aller », dit Joe ; « Il n'y a personne pour faire mon travail à l'imprimerie. J'enverrai un message à Mme Pruitt ce soir par l'intermédiaire de quelques nègres.

"Non non!" s'écria miss Carter, cela ne suffira jamais. Je vais voir mon cousin et je lui en parlerai. Vous devez partir aujourd'hui et je vous accompagnerai. Oh, cela ne doit pas être reporté ; tu dois y aller cet après-midi même ! Pourquoi, c'est quoi ce petit journal que tu imprimes ici dans les bois ? La femme souffre peut-être.

Miss Carter a vu son cousin, le rédacteur en chef, et n'a pas perdu de temps pour lui parler de M. Pruitt et de sa famille. Le rédacteur, qui était l'un des meilleurs hommes, fut tellement intéressé qu'au lieu d'envoyer Joe avec la jeune dame, il y alla lui-même, emportant dans son buggy un gros panier de provisions. Quand ils revinrent, les yeux de Miss Carter étaient rouges, comme si elle avait pleuré, et le rédacteur avait l'air très sérieux.

« Je suis très content que vous n'y soyez pas allé », dit-il à Joe lorsque Miss Carter eut disparu dans la maison.

"Quelqu'un est-il mort ?" demanda Joe.

"Non", a répondu l'éditeur. "Oh non; rien de si grave que ça. Mais la femme et ses enfants sont dans une situation terrible ! Je ne sais pas qui en est responsable, mais je critiquerai les officiers du comté et la Ladies' Aid Society dans le prochain journal. Ces gens sont en fait dans un état de famine et leur apparence est pire que s'ils avaient subi une crise de fièvre. Ils ne sont que peau et os. Le principal problème est qu'ils vivent dans un endroit très isolé. La maison est à 1,6 km de la voie publique et difficile à trouver.

« J'ai entendu dire, » dit Joe, « que le grand prévôt avait quelque chose à voir avec la rétention de fournitures qui auraient dû aller à la famille de M. Pruitt.

"Comment pourrait-il?" a demandé le rédacteur en chef ; puis il ajouta rapidement : « Eh bien, bien sûr qu'il le pourrait ; il est responsable de tout. Il est juge, juré, avocat et dictateur général. Qui vous en a parlé ?

«Je l'ai entendu en ville», a déclaré Joe.

"Eh bien, c'est un méchant coquin", a déclaré le rédacteur en chef. Il souhaita bonsoir à Joe et entra dans la maison, mais à mi-chemin de l'escalier, il s'arrêta et appela l'enfant.

« Voici quelque chose que j'ai oublié de vous poser, » dit-il en sortant une lettre de sa poche. « C'est une note de Deo à propos de toi. Que sais-tu de Deo ?

"Sur moi?" dit Joe. «J'ai connu M. Deo quand j'étais petit garçon.»

"Eh bien, tu n'es plus un si grand garçon maintenant", dit le rédacteur en chef en souriant. « Voici ce que dit Deo : 'Vous avez un garçon qui travaille dans votre imprimerie et qui peut se rendre très utile pour une bonne cause le moment venu.' Il s'appelle Joe Maxwell et c'est un très bon ami à moi. Du moins, il l'était. D'ici peu, je l'enverrai chercher, et, que je l'envoie de jour ou de nuit, je veux que vous le laissiez venir. Si je vous disais maintenant ce que je veux de lui, vous ririez et diriez que tous les gros hommes sont stupides. Ce que je veux qu'il fasse ne peut être fait que par une femme ou un garçon. Il ne faut pas penser à une femme, et je ne connais aucun garçon en qui je puisse avoir confiance à part Maxwell. Donnez-lui simplement votre permission au préalable, afin qu'il n'y ait pas de retard. Maintenant, qu'en penses-tu ? » s'enquit l'éditeur.

"Puis-je partir?" demanda Joe.

"C'est à vous de décider", a déclaré le rédacteur en chef. « Je connais Deometari depuis près de vingt ans. C'est un bon avocat et un homme intelligent. Mais si vous y allez, faites attention à vous. N'ayez aucun problème. Dites à Deo que nous vous aimons tous ici et que nous ne voulons pas de bêtises.

<hr>

CHAPITRE XIII
LES AVENTURES D'UNE NUIT

C'est le lendemain après-midi que Joe Maxwell reçut la convocation attendue de M. Deometari . Le message était apporté par un nègre monté sur une mule, et la mule semblait très fatiguée, bien qu'elle n'ait parcouru que neuf milles.

«Je n'ai jamais vu de mulet comme celui-là», dit le nègre avec indignation, en sortant de son chapeau une lettre souillée et en la tendant à Joe. « Je pars de la ville à deux heures , et ici, c'est le soir. Je m'ai acheté un bâton et je la frappais d'un côté, et puis elle hésitait de l'autre côté de la route, et quand je la frappais de ce côté- là , elle hésitait de ce côté-là. Elle a été gwine slonchways de toute la voie bénie.

The messenger.

M. Deomatari ne comportait ni adresse ni signature et elle était très brève. «Viens immédiatement», dit-il. « Vous vous souvenez de la retraite de Laurel Hill et de la loutre ? Entrez par la prison et par chez Branham. Si quelqu'un crie : « Qui y va ? dites : « C'est le soulagement. »

Joe retourna la note et l'étudia. "Qui t'a donné ça?" » demanda-t-il au nègre.

«Cet homme blanc à l' air bouffi, qu'est-ce qui reste à la taverne. Il dit que tu ne dois pas m'attendre, mais continue. Ils ont entendu ses nombreux mots : ils continuent.

Joe a eu du mal à s'enfuir. Le rédacteur était parti quelque part dans la plantation ; et Butterfly, le cheval qu'il se proposait de monter – le cheval qu'il montait toujours – était dans le pâturage, et un poulain dans un pâturage de plantation est un problème aussi gros qu'une somme dure en arithmétique. Le poulain est comme la réponse. C'est là quelque part ; mais comment allez-vous l'obtenir et quand ? Harbert a résolu le problème au bout d'un moment en coinçant le poulain et en l'attrapant ; mais le soleil était presque couché lorsque Joe partit, et il lui restait alors neuf milles à parcourir. Harbert, qui était une sorte d'almanach des plantations, disait qu'il n'y aurait de lune qu'après minuit, et qu'il y en aurait alors une très petite ; mais cela ne faisait aucune différence pour Joe Maxwell. Chaque pied de la route lui était aussi familier qu'au vieux M. Wall, le chapelier, qui avait l'habitude de remarquer que si quelqu'un lui apportait un chapeau de gravier de la grande route qui menait à Hillsborough, il Je me lèverais et je leur dirais où ils l' ont récupéré. Non seulement Joe connaissait bien la route, mais il était bien monté. Butterfly avait tous les défauts d' un poulain sauf la peur. Il était plein d'entrain et nerveux, mais rien ne semblait l'effrayer. Quand le garçon partit, Harbert courut devant pour ouvrir la grande porte de la plantation qui ouvrait sur la voie publique.

« Bonne nuit, Marse Joe », dit le nègre. "Je te souhaite très bien."

« Bonne nuit, Harbert », répondit Joe en galopant dans l'obscurité.

Il y avait quelque chose de plus qu'un soupçon de chute dans l'air du soir, et Butterfly bondit en avant avec impatience et s'irrita du mors qui le retenait. Les reniflements courts et aigus qui sortaient de ses narines frémissantes montraient l'énorme énergie qu'il avait en réserve, et ce n'est que lorsqu'il eut parcouru un mile ou plus qu'il s'installa dans le galop long, rapide et rapide qui semblait dans la pénombre. jeter les arbres et les clôtures derrière lui. À un carrefour, Joe entendit le piétinement des chevaux et le tintement des éperons et des mors de bride, mais il ne s'arrêta jamais, et ce n'est que longtemps après qu'il apprit qu'il avait failli faire la connaissance des pillards de Wilson, qui faisaient leur retour à Atlanta.

Au moment où les étoiles apparurent, Joe pouvait voir les lumières de Hillsborough scintiller au loin, et peu de temps après, il tourna dans la petite rue qui menait à la prison et traversa la ville jusqu'à atteindre la place en contrebas. la taverne. Puis il tourna à gauche et se retrouva bientôt devant la chambre de M. Deometari . Comme un enfant, il regrettait secrètement qu'une sentinelle ne l'ait pas interpellé en chemin pour lui donner le mot de passe. Une silhouette étouffée, assise au bord de la véranda, se réveilla alors que Joe arrivait.

« Où est M. Deometari ? demanda le garçon.

"Il est à Dar ", répondit le personnage. « Est-ce que tu fumes de plantation, sah ?

"Oui."

"Den, je dois vous emmener," dit le nègre.

"Eh bien, tu dois faire attention avec lui", dit le garçon.

"Je vais, alors , alors Marse Deo dira qu'il va me payer, et à côté de ça , je reste à l'écurie de liberté."

Joe a vu son cheval s'éloigner, puis il a frappé à la porte de M. Deometari .

"Entrez!" s'écria ce gentil gentleman.

«Je suis là, monsieur», dit Joe en entrant.

« Eh bien, mon cher garçon ! alors tu es! et je suis heureux de vous voir. Et tu es à l'heure. Je venais de sortir ma montre et je me disais : « Dans un petit quart d'heure, le garçon devrait être là et je lui préparerai son souper. Et juste à ce moment-là, vous avez frappé, et voici ma montre toujours dans ma main. Mon cher garçon, assieds-toi et repose tes os. Je me sens mieux."

M. Deomatari fit apporter le dîner à Joe et à lui-même dans sa chambre et, tout en mangeant , il parla.

« Vous êtes un type intelligent », dit M. Deome-tari. « Tu ne sais pas à quel point tu es intelligent. Non, poursuivit-il en voyant un sourire curieux sur le visage de Joe , non, je ne me moque pas de toi. Je veux dire exactement ce que je dis. Où est le garçon dans cette ville qui aurait galopé dans l'obscurité pour une course dont il ne savait rien ? Je vous le dis, il est introuvable. Mais supposons qu'il puisse être retrouvé, ne me dérangerait-il pas avec dix mille questions sur ce qu'il était censé faire, et comment il allait le faire, et quand, et quoi, et quoi d'autre ? Maintenant, je veux te demander pourquoi tu es venu ?

"Parce que tu m'as envoyé chercher", dit Joe en beurrant un autre biscuit. « Et parce que je voulais tout savoir sur… »

« Tout à propos de quoi ? » a demandé M. Deometari .

« À propos de M. Pruitt et… de tout.

« Eh bien, » dit M. Deometari , « je ne vous dirai pas précisément pourquoi je vous ai envoyé chercher ; vous le découvrirez par vous-même ; mais l'une des raisons est que je veux que vous alliez avec un petit groupe d'entre nous jusqu'à un point non loin de chez vous. Vous connaissez les routes, et vous savez comment les nègres appellent les raccourcis.

"Ce soir?" demanda Joe.

"Oui ce soir. Pas maintenant, mais un peu plus tard.

Joe dîna, puis resta assis à regarder le feu qui avait été allumé dans l'âtre.

« Je me demandais simplement, M. Deo, dit-il au bout d'un moment, si je devais aller voir ma mère.

"Maintenant, c'est la question." M. Deometari rapprocha sa chaise du garçon, comme s'il se préparait à discuter de la question. « Bien sûr, vous avez l'impression que vous devriez y aller. C'est naturel. Mais si vous y allez, vous devrez donner à votre mère une raison d'être ici. Tu pouvais seulement lui dire que je t'avais envoyé chercher. C'est une si mauvaise raison qu'elle serait inquiète. Tu ne le penses pas ?

"Eh bien," dit Joe après une pause, "je peux venir la voir dimanche prochain."

Frottant ses grosses mains l'une contre l'autre, M. Deome-tari regarda Joe longuement. Il semblait méditer. La bague à son doigt brillait comme un rayon de soleil capturé et essayant de s'échapper.

"Je veux vous emmener", dit-il à Joe au bout d'un moment, "et vous présenter le capitaine Johnson, notre digne grand prévôt."

"Moi?" demanda le garçon d'un ton étonné.

"Oui", a déclaré M. Deometari . "Pourquoi pas? Un garçon brillant comme vous devrait connaître tous nos grands militaires. Notre noble capitaine serait très heureux de vous voir s'il en savait autant que moi sur votre visite.

"Mais dans l'état actuel des choses", dit rapidement Joe, "il n'en sait pas plus que moi."

« Mon cher garçon, s'écria M. Deometari d'un ton badin, ne vous impatientez pas. C'est tellement simple que tous nos projets pourraient être gâchés si je vous le disais. Maintenant, continua-t-il en regardant sa montre, si vous êtes prêt, nous partirons. Vous n'avez pas de pardessus, mais mon châle ici répondra tout aussi bien.

Joe protesta qu'il ne portait jamais de pardessus, même par temps le plus froid ; mais sa protestation n'eut aucun effet sur M. Deometari , qui tourna adroitement le châle et en enveloppa Joe de la tête aux talons. Puis il l'attacha au cou du garçon avec une longue épingle en acier dotée d'un manche semblable à un poignard.

"Eh bien, je ressemble à une fille", dit Joe en jetant un coup d'œil à ses pieds.

« Très bien, Miss Joséphine, » rit M. Deometari ; "prends juste mon bras."

Le bureau du grand prévôt se trouvait du côté opposé de la place publique à la taverne, et M. Deometari , au lieu de suivre le trottoir, traversa la cour du palais de justice. Il n'y avait pas beaucoup de formalités observées dans le bureau. Il n'y avait aucune sentinelle postée à la porte, qui fut ouverte (en réponse au coup de M. Deometari) par un petit garçon noir.

The door attendant.

Dans un petit passage, ou hall, M. Deometari s'avança, suivi de Joe. Une lumière brillait d'une porte au fond d'un passage sur la gauche, et M. Deometari entra par cette porte sans cérémonie. Il n'y avait pas beaucoup de meubles dans la pièce : quatre chaises, un salon et une table. Une épée accrochée au mur, entre des portraits lithographiés du général Lee et de Stonewall Jackson ; et d'un côté se trouvait une longue série de casiers remplis de papiers. Un homme était assis à la table et il était si occupé à écrire qu'il hocha la tête sans lever les yeux de son travail.

« Henderson, » dit M. Deometari , « j'ai de la compagnie ce soir. Je veux que tu connaisses ce jeune homme. Il s'appelle Joe Maxwell. Il est membre honoraire du Comité de secours.

Henderson essuya alors son stylo sur sa tête et le posa. Puis il regarda Joe par-dessus la table. Les deux bougies qui l'éclairaient étaient si proches de ses yeux qu'elles l'aveuglaient lorsqu'il relevait la tête.

« Maxwell, l'avez-vous dit ?... Très bien, M. Maxwell ; Je suis content de te voir. Excusez ma main ; c'est plein d'encre.

M. Henderson avait une voix douce et douce, et sa main, bien que tachée d'encre, était aussi délicate que celle d'une femme.

"Est-ce M. Henderson dont vous me parliez il y a quelque temps?" » demanda Joe en se tournant vers M. Deometari . « Je veux dire M. Henderson qui était malade lorsque vous vous êtes retiré de Laurel Hill ?

"La même chose", a déclaré M. Deometari .

M. Henderson rit doucement pour cacher sa surprise, repoussa sa chaise et se leva de son siège. Tout ce qu'il allait dire n'était pas dit. À ce moment-là, on frappa à la porte extérieure, qui résonna dans le couloir, et il fut presque immédiatement suivi par le pas ferme et mesuré d'un nouveau venu. Puis apparut dans l'embrasure de la porte le visage serein de M. Archie Blandford. Il regarda autour de la pièce avec un demi-sourire jusqu'à ce que ses yeux tombent sur Joe, puis le sourire sombre fit place à un froncement de sourcils indubitable. Joe le vit et sentit pour la première fois que sa position était pour le moins particulière. Il commença à se sentir très mal à l'aise, et ce sentiment ne fut pas atténué par le bref signe de tête en guise de reconnaissance que lui fit M. Blandford. C'était un garçon sensible et il n'était pas agréable de se rendre compte qu'il était considéré comme un intrus. Il regarda M. Deometari , mais ce monsieur semblait absorbé dans une étude des portraits accrochés au mur. M. Blandford fit quelques pas dans la pièce, hésita, puis dit brusquement :

« Déo ! laisse-moi te voir un instant.

Les deux hommes entrèrent dans le hall et jusqu'à la porte extérieure, et, bien qu'ils parlèrent à voix basse, le passage remplaçait un tube parlant, et chaque mot qu'ils prononçaient pouvait être entendu par Joe Maxwell et M. Henderson. .

« Deo, dit M. Blandford, que fait Maxwell ici ? Il devrait être chez lui, au lit.

« Il est ici », a expliqué M. Deometari , « à mon invitation ».

« Mais ta raison doit te dire, Deo, que cet enfant ne devrait pas être mêlé aux affaires de cette nuit. Il est presque certain que ce sera grave.

"C'est précisément la raison pour laquelle il est ici", a déclaré M. Deometari . « Je pourrais vous prêcher jusqu'à la fin du monde, et vous ne m'écouteriez jamais . Mais avec ce garçon qui te regarde, tu garderas ton sang-froid. Je te connais mieux que toi-même. Vous êtes venu ici ce soir avec l'intention de faire quelque chose d'imprudent. Je l'ai lu sur ton visage hier soir ; Je l'ai vu dans tes yeux ce matin ; Je l'entends dans ta voix maintenant. Mon cher, cela ne fonctionnera jamais au monde. Vous gâcheriez tout. Ce que vous aviez l'intention de faire, vous n'oserez pas le faire avec ce garçon qui vous regarde. Et il y a une autre raison : si cet homme Johnson doit être emmené hors du comté, le meilleur itinéraire est par Armour's Ferry, et Maxwell connaît chaque pied de la route.

Puis il y a eu une pause, et M. Henderson s'est dirigé vers la porte et a dit :

« Vous feriez aussi bien de venir ici et de vous en sortir. Nous pouvons entendre chaque mot que vous dites.

Ils revinrent dans la pièce, M. Bland-ford souriant et M. Deometari un peu rouge.

«J'ai oublié de vous serrer la main tout à l'heure», dit M. Blandford en s'approchant de Joe et en saisissant la main du garçon. "Ce n'est pas parce que je ne t'aime pas."

"Merci", répondit Joe. "Je ne comprends pas de quoi vous et M. Deo parliez, mais je ne veux pas gêner ."

"Vous ne gênez pas du tout", a déclaré avec insistance M. Deometari .

«Je devrais dire non», s'est exclamé chaleureusement M. Blandford. « Deo a raison et j'avais tort. Je serais heureux si je ne gênais personne plus que toi. En grandissant, tu découvriras qu'un homme n'est jamais trop vieux pour être un imbécile. Sur ce, il fouilla sous son pardessus, déboucla un lourd pistolet et le plaça sur la cheminée. « Vous voyez, dit-il à M. Deometari , je me rends complètement. Je ne veux pas avoir cette arme là où je puisse mettre la main dessus quand je verrai notre ami le capitaine Johnson.

« Vous pouvez attacher votre pistolet », remarqua doucement M. Henderson. "Vous ne verrez pas le capitaine ce soir."

« Tonnerre ! » s'exclama M. Deometari en se levant d'un bond. « Il faut le voir ! Pruitt est au poste de garde. Malade ou bien, le capitaine Johnson doit voyager avec nous cette nuit. Je ne veux pas qu'il soit tué ou blessé, mais ce scélérat ne se pavanera plus dans cette ville.

« C'est exactement ce que je vous dis, » dit Henderson avec douceur ; vous ne le verrez pas ce soir.

M. Blandford rit, comme s'il considérait l'affaire comme une plaisanterie, tandis que M. Henderson commençait à fouiller parmi quelques papiers sur la table. Il choisit parmi ces trois petits documents qu'il étala devant lui, l'un sur l'autre. Puis il regarda les deux autres hommes et sourit.

« Tom », a déclaré M. Deometari , « c'est une affaire très sérieuse. Vous connaissez cet homme Johnson aussi bien que nous, et vous savez que le moment est venu de vous débarrasser de lui.

« Je le connais bien mieux que vous deux, » dit M. Henderson, toujours souriant, « et c'est la raison pour laquelle il n'est pas là ce soir. C'est la raison pour laquelle vous ne le verrez pas.

M. Deometari faisait les cent pas sur le sol, tirant ses moustaches, tandis que M. Blandford tambourinait avec impatience sur la table.

"Le problème est", a poursuivi M. Henderson, s'adressant toujours à M. Deometari , "que nous avons tous les deux peur du caractère d'Archie Blandford."

« Maintenant, écoutez ça ! » s'exclama M. Blandford. « Eh bien, vous allez faire croire à ce type que je suis vicieux. Il croira que je suis un mangeur d'hommes.

"Nous savons tous les deux ce qu'il ressent envers le capitaine Johnson", a poursuivi M. Henderson, sans tenir compte de l'interruption, "et nous avons tous deux essayé de l'empêcher de faire quelque chose qu'il pourrait regretter. Je pense que votre plan aurait réussi ; et je suis content que tu aies amené Maxwell, de toute façon, parce que j'aime rencontrer un garçon brillant de temps en temps ; mais mon plan est le meilleur, après tout, car le capitaine Johnson est parti.

M. Deometari a arrêté de marcher sur le sol et s'est assis. "Dis nous à propos de cela."

« Eh bien, » dit M. Henderson, « voici une correspondance qui est parvenue au capitaine Johnson par la poste. Il y a trois lettres. Nous appellerons ce numéro un :

« 'Monsieur : On a remarqué que vous avez refusé d'acheminer des fournitures destinées aux épouses et aux enfants des soldats confédérés. Cela fait particulièrement référence à l'épouse et aux enfants d'un certain John Pruitt.'

"Il n'y a pas de signature", a déclaré M. Henderson. « Ceci » – reprenant un autre document – « nous appellerons le numéro deux. »

« 'Monsieur : On sait qu'aucune provision n'a quitté ce poste pour la femme et les enfants d'un certain John Pruitt. Le Comité de Secours devra-t-il agir ?

« Ici, » continua M. Henderson, « c'est la dernière. C'est le numéro trois :

« Monsieur : John Pruitt est en prison, où il ne peut pas s'en empêcher. Le Comité de Secours se réunira demain soir. Tenez-vous prêt à entendre à nouveau l'histoire de la retraite de Laurel Hill.

"Bien?" » dit M. Deometari , alors que M. Henderson faisait une pause.

«Eh bien, l'homme était presque mort d'inquiétude. Il était continuellement agité. Finalement , il est venu vers moi et m'a parlé de la question. C'était hier. Nous avons évoqué ensemble les incidents de Laurel Hill et j'ai utilisé assez librement le nom d'Archie Blandford. Le résultat fut que j'ai conseillé au capitaine Johnson de se présenter au commandant du poste de Mâcon, et il a suivi mon conseil.

« Est-ce que j'ai l'air d'un homme dangereux ? » demanda M. Blandford en se tournant vers Joe.

"Pas maintenant", répondit Joe. "Mais tes yeux sont très brillants."

« J'aurais aimé qu'ils soient aussi brillants que les vôtres ! » dit M. Blandford en riant.

« Nous avons donc eu tous nos ennuis pour rien », a suggéré M. Deometari .

« Oh non », a déclaré M. Henderson ; « Nous avons évité bien des ennuis. Johnson est parti et j'ai ici un ordre de libération de Pruitt.

« Si nous avions su tout cela », remarqua M. Deometari , « Maxwell serait en sécurité dans son lit, où je soupçonne qu'il devrait être. — Mon fils, poursuivit-il, c'est dommage que vous reveniez à cheval et dehors dans la nuit.

«Juste pour plaire à un gros homme avec des fantaisies», observa M. Blandford.

"Oh, cela ne me pose aucun problème", protesta Joe. « C'est presque comme un livre, sauf que je ne comprends pas tout exactement. Qu'allais-tu faire du capitaine Johnson ?

"Moi? oh, je... eh bien, le fait est que Deo commandait mon régiment ce soir, répondit M. Blandford. Il semblait gêné.

"Tout est très simple", a déclaré M. Deometari .

« Quand vous serez un peu plus âgé , vous rencontrerez un grand nombre de personnes comme le capitaine Johnson. Il avait un peu de pouvoir et il l'a utilisé pour monter tous les gens ici contre lui. Un autre problème est qu'il appartenait aux réguliers, où la discipline est aussi stricte qu'elle peut l'être. Il a essayé d'être trop strict ici, et ces Confédérés ne le supporteront pas. Le simple soldat pense qu'il vaut aussi bien qu'un officier commissionné, et parfois mieux. Un grand prévôt est une sorte de chef de la police militaire, et, lorsque son commandant est aussi loin que Mâcon, il peut faire beaucoup de mal, surtout s'il est traversé par un côté de méchanceté. Johnson s'est fait des centaines d'ennemis ici. Pire encore, il a très mal traité les épouses des soldats. Vous savez tout sur sa méchanceté envers John Pruitt. Nous allions l'emmener ce soir à Armour's Ferry, lui faire traverser la rivière et lui faire comprendre que nous pourrions nous passer de lui.

« Et il ne reviendrait jamais ? demanda Joe.

"Non", a déclaré M. Deometari , "il ne reviendrait jamais."

« M. Blandford était-il très en colère contre lui ? demanda le garçon.

"Oui, je l'étais", a admis ce monsieur, riant un peu et semblant mal à l'aise. « Il m'a fait arrêter une fois et a essayé de me faire mettre du sable dans un tonneau ouvert aux deux extrémités. Que penses-tu de cela?"

"Je pense que ça a dû être très drôle", a déclaré Joe en riant de bon cœur.

"Je pense que c'était drôle", observa M. Bland-ford d'un air sombre, "mais ce coquin n'aurait pas apprécié ce plaisir s'il n'y avait pas eu ce gros homme ici."

"Vous ne faites pas référence à moi, j'espère", a déclaré M. Henderson, si sérieusement que les autres ont éclaté de rire.

"Viens, maintenant", suggéra M. Deometari . "Laissons entrer un peu d'air frais sur le pauvre John Pruitt."

Il n'y avait plus rien à faire après que M. Pruitt fut libéré du poste de garde, et Joe monta donc à cheval et partit au petit galop vers la plantation. Butterfly était très heureux d'avoir la tête tournée dans cette direction, et il allait si vite qu'au bout d'une heure Joe était chez lui et au lit. Son esprit était si plein de ce qu'il avait vu et entendu qu'il repensait à tout cela dans son sommeil. M. Deometari , tout gros qu'il fût, remplaça Porthos , le grand mousquetaire ; M. Blandford était d'Artagnan ; M. Henderson était l'homme élégant et élancé (Aramis) dont Joe ne pouvait pas se souvenir du nom dans ses rêves ; et même M. Pruitt est devenu une figure romantique.

CHAPITRE XIV
LE RIDEAU TOMBE

D' une manière ou d'une autre, après l'expérience de Joe Maxwell avec M. Deometari , M. Blandford et les autres, les événements importants semblaient se succéder plus rapidement. Certains d'entre eux étaient surprenants et tous déroutants. C'est au mois de juillet qu'Atlanta fut prise par le général Sherman. Quelques semaines plus tard, Harbert, alors qu'il nettoyait et huilait la vieille presse à main Washington n°2 dans *le bureau du Countryman* , dit à Joe que l'armée fédérale allait bientôt traverser le comté.

"Qui te l'a dit?" demanda Joe.

"Le mot est venu", répondit Harbert "Hit bleeze Il en sera ainsi, mais tous les nègres ont entendu parler de ça. Nous allons tous réveiller certains de ces étranges shorts et les Yankees qui pullulent tous ici .

"Qu'est-ce que tu vas faire?" » s'enquit Joe en riant.

"Oh, vous riez, Marse Joe, mais Deyer j'arrive '. Qu'est-ce que je fais avec du vin ? Eh bien, euh , je suis idiot Je me suis levé et je regarde euh, et peut-être je vais tirer mon chapeau pour quelques gros insectes parmi eux, et puis je m'occupe de mes affaires. Je ne tache pas Deyer vin ter Ça les dérange, qu'est-ce qui ne les dérange pas , n'est- ce pas ?

Joe avait oublié cette conversation jusqu'à ce qu'elle lui revienne à l'esprit un matin, peu après son trajet nocturne vers Hillsborough. Le général Sherman s'était détaché d'Atlanta et marchait à travers la Géorgie centrale. Les gens que Joe voyait allaient et venaient avec des visages anxieux, et même les nègres étaient effrayés.

Devant cette immense foule fuyaient toutes sortes de rumeurs, apportant la peur et la consternation dans les paisibles plantations. Enfin, par une journée froide et pluvieuse de novembre, Joe Maxwell, qui marchait péniblement sur la route pour se rendre à l'imprimerie, entendit un bruit de sabots derrière lui, et deux cavaliers en bleu arrivèrent au galop. Ils retinrent leurs chevaux et demandèrent la distance jusqu'à Hillsborough, puis repartirent au galop. Il s'agissait de courriers transportant des dépêches du vingtième corps d'armée au général Sherman.

Après cela, on se dépêchait d'aller et venir dans la plantation. Les chevaux et les mulets furent conduits dans un champ isolé dans lequel se trouvait un grand marécage. Joe a porté Butterfly et l'a attaché au beau milieu du marais, où il pouvait avoir beaucoup d'eau à boire et de jeunes cannes à manger. Au cours des dix heures suivantes, comme Harbert l'avait prédit, la plantation fut envahie par des groupes de fédéraux en quête de nourriture. Guidés par quelques nègres, ils trouvèrent les chevaux, les mulets et autres bêtes et les chassèrent ; et, quand Joe en entendit parler, il eut envie de pleurer à cause de la perte de Butterfly. Le cheval ne lui appartenait pas, mais il l'avait dressé depuis un poulain, et il lui appartenait chaque fois qu'il voulait l'utiliser, de jour comme de nuit. Pourtant, Butterfly fut bientôt oublié dans l'excitation et la confusion créées par les cueilleurs, qui balayaient les plantations, prélevant au nom de la guerre sur le bétail et saccageant les fumoirs et les granges pas trop bien remplis à la recherche de provisions. .

Joe Maxwell a vu beaucoup de ces butineurs, et il les a tous trouvés, à une exception près, de bonne humeur. L'exception était un Allemand, qui parlait à peine suffisamment l'anglais pour se faire comprendre. Cet Allemand, lorsqu'il arriva au magasin où étaient conservés les chapeaux, voulut en enlever autant que son cheval pouvait en porter, et il se mit très en colère lorsque Joe protesta. En fait, il était tellement en colère qu'il aurait mis le feu au bâtiment. Il alluma une allumette, rassembla un tas de vieux papiers et autres détritus, et était en train de tirer, lorsqu'un officier accourut et lui donna un formidable coup de pagaie avec le plat de son épée. C'était une exposition aussi drôle qu'une scène de cirque, et Joe l'appréciait autant qu'il le pouvait compte tenu des circonstances. La nuit, tous les butineurs avaient disparu.

A forager.

L'armée était allée camper à Denham's Mill, et Joe supposait qu'elle marcherait sur Hillsborough, mais en cela il se trompait. Il tourna brusquement à gauche le lendemain matin et marcha vers Milledgeville. Joe avait erré sans but sur cette route, comme il l'avait fait cent fois auparavant, et s'était finalement assis sur la clôture près d'une vieille école et avait commencé à tailler un rail. Avant qu'il ne s'en rende compte, les troupes étaient sur lui. Il garda son siège, et le vingtième corps d'armée, commandé par le général Slocum, passa en revue devant lui. C'était un ensemble imposant quant au nombre, mais pas quant à l'apparence ! Pour une fois pour toutes, pour Joe, le glamour et le romantisme de la guerre étaient dissipés. Le ciel était chargé de nuages et une brume fine et irritante s'en échappait. La route était recouverte de boue jusqu'aux chevilles, et même les champs étaient marécageux. Il n'y avait rien de gai dans cette vaste procession, avec ses soldats au pas, ses cavaliers bruyants et ses chariots pesants, si ce n'est l'humeur des hommes. Ils barbotaient dans la boue, plaisantaient et chantaient des bribes de chansons.

Joe Maxwell, assis sur la clôture, faisait l'objet de nombreuses plaisanteries tandis que les hommes de bonne humeur défilaient.

« Bonjour Johnny ! Où est ton parasol ?

"Saute, Johnny, et laisse-moi t'embrasser!"

"Johnny, si tu es fatigué, lève-toi derrière et roule!"

« Courez chercher votre malle, Johnny, et montez à bord ! »

« C'est un dégueulasse, les garçons. S'il cligne des yeux, je vais esquiver !

"Où est le reste de ton régiment, Johnny ?"

" S'il y en avait un autre assis sur la clôture , de l'autre côté, je dirais que nous étions encerclés ! "

Joe fut la cible de ces commentaires, exclamations et questions, ainsi que de centaines d'autres ; et, s'il en supportait le feu avec un calme insolite, c'était que ce vaste panorama lui paraissait l'aboutissement de quelque rêve fou. Que l'armée fédérale plongât dans cette région paisible, après tout ce qu'il avait vu dans les journaux sur les victoires confédérées, lui paraissait impossible. Les voix des hommes et leurs rires semblaient vagues et insignifiants. C'était sûrement un rêve qui avait dépouillé la guerre de ses atours scintillants et de ses bannières volantes. C'était sûrement la déformation d'un rêve qui s'accrochait à ce cortège d'hommes armés, de troupeaux de vaches, de chevaux et de mulets, et de chariots de bateaux ! Joe avait entendu parler des ponts flottants, mais il n'avait jamais entendu parler d'un train ponton et il ne savait pas non plus que les bateaux faisaient partie du bagage de cette armée d'invasion.

Mais tout cela s'est passé au bout d'un moment, et Joe a alors découvert qu'il n'avait pas rêvé du tout. Il a sauté de la clôture et est rentré chez lui à travers les champs. Jamais auparavant, depuis son installation, une telle paix et une telle tranquillité n'avaient régné sur la plantation. Les chevaux et les mulets avaient disparu et de nombreuses cabanes de nègres étaient vides. Harbert était toujours aussi occupé et certains des nègres les plus âgés étaient à leur place habituelle, mais les plus jeunes, surtout ceux qui, en raison de leur travail sur le terrain, n'avaient pas été en bons termes avec leur maître et leur maîtresse, avaient suivi l'armée fédérale. Ceux qui restaient avaient été informés par le rédacteur en chef qu'ils étaient libres ; et ainsi il arriva, en un clin d'œil, que les choses anciennes avaient disparu et que tout était nouveau.

Dans un coin de la clôture, non loin de la route, Joe trouva une vieille femme noire qui grelottait et gémissait. Près d'elle gisait un vieux nègre, les épaules couvertes d'un vieux châle en lambeaux. « Qui est-ce allongé là ? » demanda Joe.

"C'est mon vieux homme, suh ."

"Quel est son problème?"

« Il est mort, hein ! Mais, Dieu merci, il est mort libre ! *

C'était un spectacle pitoyable et une fin pitoyable au rêve de liberté du vieux couple. Harbert et les autres nègres enterrèrent le vieil homme, et la vieille femme fut installée confortablement dans l'une des cabanes vides ; elle ne cessait de bénir « le petit maître », comme elle appelait Joe, lui accordant tout le mérite de tout ce qui était fait pour elle. Aussi vieille qu'elle soit, elle et son mari avaient suivi l'armée pendant de nombreux kilomètres sur le chemin de la liberté. Le vieil homme l'a trouvé dans le coin de la clôture, et quelques semaines plus tard, la vieille femme l'a trouvé dans l'humble cabane.

Le lendemain matin, alors que Joe Maxwell flânait dans l'imprimerie et discutait avec le rédacteur en chef, Butterfly arriva au galop, monté par Mink, qui n'était plus un fugitif.

Cet incident a connu de nombreuses adaptations. C'est arrivé juste

tel qu'il est donné ici, et a été publié par la suite dans The

Compatriote.

"Je vois que tu l'as mis dehors dans le marais , chéri , Mars' Joe, et puis je vois certains de tes autres nègres gwine Dar longtemps avec les hommes Yankee , et je dis ter moi-même je ferais mieux d' y aller et de le "git" ; alors je le couche sur la rivière, et le voilà. Il n'est peut-être pas ez fatez il wuz , mais il des ez game ez il n'a jamais été.

Joe était content, et le rédacteur en chef était content ; et il arriva que Mink devint l'un des locataires de la plantation, et après un certain temps, il acheta sa propre petite ferme et prospéra et prospéra.

Mais cela va trop loin dans une simple chronique. Il ne peut pas être présenté ici et maintenant de manière à montrer les grands changements qui ont été opérés : la guérison des blessures de la guerre ; le relèvement d'une partie de la ruine et de la pauvreté vers la prospérité ; le moulage de la beauté, du courage, de l'énergie et de la force de l'ancienne civilisation dans la nouvelle ; l'élévation progressive d'une race humble. Toutes ces choses ne peuvent pas être racontées ici. Le feu diminue et l'histoire est terminée.

Le journal des plantations parut un peu plus longtemps, mais dans un pays rempli de désolation et de désespoir, son rédacteur ne pouvait espérer le voir survivre. Un monde plus vaste appelait Joe Maxwell et il s'y lança. Et il arriva que de tous côtés il trouva des cœurs aimants pour le réconforter et des mains fortes et amicales pour le guider. Il a trouvé de nouvelles associations et noué de nouveaux liens. D'une manière humble, il s'est fait un nom, mais les jours anciens des plantations vivent encore dans ses rêves.

LA FIN.

www.ingramcontent.com/pod-product-compliance
Lightning Source LLC
LaVergne TN
LVHW041704190726
843493LV00007B/1942